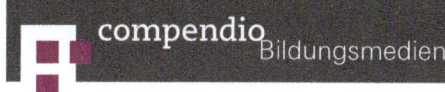

Kommunikation und Präsentation
Leadership-Modul für Führungsfachleute

Matthias Nold und Rita-Maria Züger

6., überarbeitete Auflage 2022

Kommunikation und Präsentation
Leadership-Modul für Führungsfachleute
Matthias Nold und Rita-Maria Züger

Grafisches Konzept und Realisation, Korrektorat: Mediengestaltung, Compendio Bildungsmedien AG, Zürich
Illustrationen: Oliver Lüde, Winterthur
Druck: Edubook AG, Merenschwand
Coverbild: © Anja Hild/gettyimages, © by-studio/Fotolia.com

Redaktion und didaktische Bearbeitung: Rita-Maria Züger

Printausgabe	E-Book-Ausgabe
ISBN: 978-3-7155-5005-3	ISBN: 978-3-7155-5006-0
Artikelnummer: 18332	Artikelnummer: E-18333
Auflage: 6., überarbeitete Auflage 2022	Auflage: 6., überarbeitete Auflage 2022
Ausgabe: U2062	Ausgabe: U2062
Sprache: DE	Sprache: DE
SVF 010	SVFE 010

Alle Rechte, insbesondere die Übersetzung in fremde Sprachen, vorbehalten. Der Inhalt des vorliegenden Lehrmittels ist nach dem Urheberrechtsgesetz eine geistige Schöpfung und damit geschützt.

Compendio Bildungsmedien AG unterstützt die Kampagne
«Fair kopieren und nutzen»: www.fair-kopieren.ch

Die Nutzung des Inhalts für den Unterricht ist nach Gesetz an strenge Regeln gebunden. Aus veröffentlichten Lehrmitteln dürfen bloss Ausschnitte, nicht aber ganze Kapitel oder gar das ganze Lehrmittel kopiert, digital gespeichert in internen Netzwerken der Schule für den Unterricht in der Klasse als Information und Dokumentation verwendet werden. Die Weitergabe von Ausschnitten an Dritte ausserhalb dieses Kreises ist untersagt, verletzt Rechte der Urheber und Urheberinnen sowie des Verlags und wird geahndet.

Die ganze oder teilweise Weitergabe des Werks ausserhalb des Unterrichts in kopierter, digital gespeicherter oder anderer Form ohne schriftliche Einwilligung von Compendio Bildungsmedien AG ist untersagt.

Copyright © 2005, Compendio Bildungsmedien AG, Zürich

Die Printausgabe dieses Buchs ist klimaneutral in der Schweiz gedruckt worden. Die Druckerei Edubook AG hat sich einer Klimaprüfung unterzogen, die primär die Vermeidung und Reduzierung des CO_2-Ausstosses verfolgt. Verbleibende Emissionen kompensiert das Unternehmen durch den Erwerb von CO_2-Zertifikaten eines Schweizer Klimaschutzprojekts.
Mehr zum Umweltbekenntnis von Compendio Bildungsmedien finden Sie unter: www.compendio.ch/Umwelt

Inhaltsverzeichnis

Zur Reihe «Management / Leadership für Führungsfachleute»   5
Vorwort   6

Teil A   Kommunikation   7

Einstieg   8

1   Basiskompetenzen in der Kommunikation   9
1.1   Kommunikationsprozess   9
1.2   Kommunikationsgrundsätze   11
1.3   Sach- und Beziehungsebene der Kommunikation   12
1.4   Kommunikationsquadrat   14
1.5   Verbale und nonverbale Kommunikation   16

Zusammenfassung   20
Repetitionsfragen   21

2   Kommunikationstechniken einsetzen   22
2.1   Ich-Botschaften senden   22
2.2   Aktives Zuhören   24
2.3   Wirksame Fragen   26
2.4   Reden über das Reden – Metakommunikation   30
2.5   Kommunikationssünden   32

Zusammenfassung   34
Repetitionsfragen   35
Praxisaufgaben   35

3   Wirkungsvolle Kommunikation   36
3.1   Emotionen verstehen   37
3.2   Empathie zeigen   38
3.3   Konstruktive O. k.-Botschaften senden   38
3.4   Lösungsfokussierung   40
3.5   Interkulturelle Kommunikation   41

Zusammenfassung   45
Repetitionsfragen   45
Praxisaufgaben   46

Teil B   Gesprächsführung und Information   47

Einstieg   48

4   Führungsgespräch   49
4.1   Gesprächsvorbereitung   49
4.2   Gesprächsdurchführung   51
4.3   Gesprächsnachbearbeitung   53
4.4   Leitfaden für das Führungsgespräch   55

Zusammenfassung   55
Repetitionsfragen   56
Praxisaufgaben   56

5   Feedbackgespräch   57
5.1   Kurz-Feedbacks geben   57
5.2   Feedbackregeln anwenden   58
5.3   Selbstkenntnis durch Feedback   61

Zusammenfassung   62
Repetitionsfragen   63
Praxisaufgaben   63

6   Verhandlungsgespräch   64
6.1   Eigene Haltung   65
6.2   Win-win-Situationen in der Verhandlung   65
6.3   Harvard-Konzept   67
6.4   Leitfaden für das Verhandlungsgespräch   70

Zusammenfassung   70
Repetitionsfragen   71
Praxisaufgaben   71

7	**Schwierige Führungsgespräche**	**72**
7.1	Anlass für ein schwieriges Führungsgespräch	72
7.2	Kritikgespräch	73
7.3	Schlechte-Botschaft-Gespräch	75
	Zusammenfassung	77
	Repetitionsfragen	78
	Praxisaufgaben	78
8	**Informieren**	**79**
8.1	Informationsprozess	79
8.2	Sachgerecht informieren	80
8.3	Adressatengerecht informieren	82
8.4	Medieneinsatz	84
8.5	Visualisieren	86
	Zusammenfassung	89
	Repetitionsfragen	89
	Praxisaufgaben	90

Teil C Präsentation 91

Einstieg 92

9	**Präsentation vorbereiten**	**93**
9.1	Rahmenbedingungen klären	94
9.2	Organisatorische Vorbereitung	95
9.3	Inhalt konzipieren	96
9.4	Inhalt aufbereiten	100
9.5	Online-Präsentation aufbereiten	104
9.6	Präsentation einüben	105
	Zusammenfassung	106
	Repetitionsfragen	107
	Praxisaufgaben	108
10	**Wirkungsvoll präsentieren**	**109**
10.1	Mit Nervosität umgehen	109
10.2	Souverän präsentieren	111
10.3	Persönlichkeit der präsentierenden Person	114
10.4	Online-Präsentation	115
10.5	Nachbearbeitung der Präsentation	116
	Zusammenfassung	117
	Repetitionsfragen	118
	Praxisaufgaben	118

Teil D Anhang 119

Antworten zu den Repetitionsfragen 120
Stichwortverzeichnis 126

Zur Reihe
«Management / Leadership für Führungsfachleute»

Diese Reihe ist einem ganzheitlichen Führungsverständnis verpflichtet und umfasst die beiden Kompetenzfelder «Management» und «Leadership»:

- **Management:** Die Führungsperson übernimmt eine Lenkungs- und Steuerungsaufgabe im Rahmen des Führungsprozesses, wofür sie nützliche Führungsinstrumente und -methoden professionell einsetzt.
- **Leadership:** Die Führungsperson übernimmt eine Gestaltungs- und Entwicklungsaufgabe für die zwischenmenschlichen Beziehungen und für die Teamkultur in ihrem Wirkungskreis aufgrund einer bewussten Wahrnehmung der eigenen Person, des Gegenübers und der sachlichen Gegebenheiten.

Die Reihe besteht aus zwölf Lehrmitteln und orientiert sich an den ab 2013 gültigen Lernzielen und Inhalten der Modulbeschreibungen der Schweizerischen Vereinigung für Führungsausbildung (SVF).

Die Lehrmittel richten sich an alle Personen, die sich in den Bereichen Management und Leadership weiterbilden wollen, unabhängig davon, ob sie einen Modulabschluss oder den Fachausweis «Führungsfachfrau / Führungsfachmann» erreichen möchten.

Die Titel der Reihe heissen:

Management für Führungsfachleute	Leadership für Führungsfachleute
Betriebswirtschaft I	Selbstkenntnis
Betriebswirtschaft II	Selbstmanagement
Rechnungswesen	Teamführung
Personalmanagement	**Kommunikation und Präsentation**
Prozessmanagement	Schriftliche Kommunikation
Projektmanagement	Konfliktmanagement

Alle Lehrmittel dieser Reihe folgen dem bewährten didaktischen Konzept von Compendio Bildungsmedien:

- Klar strukturierte, gut verständliche Texte mit zahlreichen grafischen Darstellungen erleichtern die Wissensaufnahme.
- Beispiele schaffen Verständnis und gewährleisten den Praxisbezug.
- Zusammenfassungen und Repetitionsfragen mit Antworten dienen der Repetition und ermöglichen die Selbstkontrolle der Lernfortschritte. In den Leadership-Modulen gibt es ausserdem Praxisaufgaben für den Lerntransfer.

Zürich, im Sommer 2013

Rita-Maria Züger, Projektleitung

Vorwort

Das vorliegende Lehrmittel will Ihnen einige grundlegende Aspekte der Kommunikation und Präsentation näherbringen, die zu den zentralen Aufgaben in Ihrer Führungstätigkeit gehören.

Inhalt und Aufbau dieses Lehrmittels

Das vorliegende Lehrmittel gliedert sich in vier Teile:

- **Teil A:** die theoretischen **Grundlagen** zum Kommunikationsprozess, die Anwendung von **Kommunikationstechniken** und die positive **Wirkung** eines wertschätzenden und situationsgerechten Kommunikationsverhaltens
- **Teil B:** die **Gesprächsführung** sowie die Aufbereitung von **Informationen** im Führungsalltag
- **Teil C:** die Aufbereitung und Durchführung einer **Präsentation** vor Publikum
- **Teil D:** Anhang mit kommentierten **Antworten** zu den Repetitionsfragen und dem **Stichwortverzeichnis**

Ein besonderer inhaltlicher Hinweis

Die Modulbeschreibung der SVF verlangt zusätzlich zur mündlichen Kommunikation neu auch die schriftliche Kommunikation im modernen Geschäftsalltag. Darauf gehen wir in einem separaten Lehrmittel vertieft ein: «Schriftliche Kommunikation, Leadership-Modul für Führungsfachleute». Es vermittelt grundlegende grammatikalische und stilistische Sprachkenntnisse sowie zahlreiche kommentierte Anwendungsbeispiele.

Zur aktuellen Auflage

Diese Ausgabe wurde gegenüber der letzten Ausgabe inhaltlich und sprachlich komplett überarbeitet. Stellenweise haben wir die theoretischen Erklärungen präzisiert und mit zusätzlichen Beispielen besser veranschaulicht. Die Visualisierung von Informationen haben wir neu ins Kapitel 8 integriert. Die Erläuterungen und Anwendungstipps zur Vor- und Aufbereitung sowie zur Durchführung einer Präsentation haben wir in den Kapiteln 9 und 10 neu gegliedert, inhaltlich überarbeitet und mit aktuellen Themen wie der Online-Präsentation und dem Einsatz von Storytelling ergänzt.

In eigener Sache

Die vorliegende Version basiert auf dem Titel «Kommunikation und Präsentation», der im Jahr 2005 erstmals erschien. Dessen Hauptautorin Susanne Jäggi verstarb im Jahr 2014. Es ist uns Ehre und Ansporn, ihre bestens bewährte Vorlage zu nutzen und laufend weiterzuentwickeln.

Haben Sie Fragen oder Anregungen zu diesem Lehrmittel? Sind Ihnen Tipp- oder Druckfehler aufgefallen? Über unsere E-Mail-Adresse postfach@compendio.ch können Sie uns diese gerne mitteilen.

Wir wünschen Ihnen viel Spass und Erfolg beim Studium dieses Lehrmittels!

Zürich, im Juni 2022

Matthias Nold, Autor

Rita-Maria Züger, Co-Autorin und Redaktorin

Teil A
Kommunikation

Einstieg

Jeder Berufsstand definiert Kommunikation etwas anders: Für den IT-Fachmann ist sie ein Austauschprozess von Daten, die Marketingspezialistin denkt dabei vor allem an den Aufbau und die Pflege von Kundenbeziehungen über Werbebotschaften und der Psychologe verbindet damit unter anderem die Auswirkungen der Wahrnehmungsprozesse und der Sprachverwendung auf das menschliche Verhalten.

Kommunikation ist weit mehr als ein Austausch von Worten zur gegenseitigen Verständigung. Im Berufs- wie im Privatleben: Wie schön wäre es doch, wenn bei dir genau das ankommt, was ich dir mit meinen Worten, meinen Gesten und meinem Gesichtsausdruck tatsächlich vermitteln wollte! Wie unkompliziert wäre die Zusammenarbeit, wenn alle Mitarbeitenden meine Mitteilung auf Anhieb richtig verstehen würden! Wie viel einfacher wäre es, wenn wir im Team die gegenseitigen Erwartungen klar ausdrücken könnten!

Kommunikation begeistert und frustriert, belebt und blockiert. Sie macht das Zusammensein schwierig und anspruchsvoll, aber auch spannend und erfüllt.

Im ersten Teil dieses Lehrmittels richten wir unser Augenmerk auf den Kommunikationsprozess und die Kommunikationstechniken.

1 Basiskompetenzen in der Kommunikation

Lernziele Nach der Bearbeitung dieses Kapitels können Sie ...

- den Ablauf des Kommunikationsprozesses beschreiben.
- die fünf Kommunikationsgrundsätze nach Watzlawick erklären.
- die Sach- und die Beziehungsebene der Kommunikation unterscheiden.
- typische Beispiele verbaler, paraverbaler und nonverbaler Ausdrucksformen nennen.

Schlüsselbegriffe analoge Kommunikation, Appell, Axiom, Beziehungsebene, Codierung, Decodierung, Dialog-Theorie, digitale Kommunikation, Distanzzonen, Empfänger, Gestik, Kanal, Kommunikationsquadrat, komplementäre Kommunikation, Körpersprache, Mimik, nonverbale Kommunikation, paraverbale Kommunikation, Rückmeldung, Sachebene, Selbstkundgabe, Sender, Signal, symmetrische Kommunikation, verbale Kommunikation, Vier-Seiten-Modell

«Man kann nicht nicht kommunizieren.» Mit meinem Verhalten – ob ich rede oder schweige, etwas tue oder nichts tue – beeinflusse ich meine Mitmenschen, wie sie mich mit ihrem Verhalten beeinflussen. Kommunikation verbindet uns, im Privatleben wie im Berufsalltag. Kommunikation ist aber auch so vieldeutig, dass wir hin und wieder aneinander vorbeireden, weil wir uns missverstehen. – Stellen Sie sich die folgende Situation vor:

Beispiel Sie treffen auf dem Weg zum Mittagessen zufällig den Finanzchef Ihres Unternehmens. Er fragt Sie ganz unvermittelt: «Wie weit sind Sie im Budgetierungsprozess?» Diese an sich klare Frage kann für Sie viele Bedeutungen haben:

- Eine Aufforderung, kurz über den Zwischenstand des Budgetierungsprozesses zu informieren
- Ein Ausdruck von grossem Interesse gegenüber dem Budget Ihres Verantwortungsbereichs oder Ihrer Person
- Eine Bekundung von Misstrauen mit der unausgesprochenen Unterstellung, dass Sie mit der Arbeit noch gar nicht begonnen haben könnten
- Ein etwas hilfloser Versuch, mit Ihnen ins Gespräch zu kommen

Die Kommunikation ist eine **soziale Interaktion,** d. h. ein **aufeinander bezogenes Handeln.** Wenn wir miteinander kommunizieren, sind wir uns der möglichen Vieldeutigkeit von Aussagen kaum bewusst. Es lohnt sich aber, über den Kommunikationsprozess nachzudenken. Wir können einigen Missverständnissen vorbeugen, wenn wir besser verstehen, wie Kommunikation funktioniert und welche «Gefahren» dabei lauern. Im Folgenden wollen wir einige Aspekte darstellen, mit denen sich die Kommunikationswissenschaft beschäftigt.

1.1 Kommunikationsprozess

Zunächst wenden wir uns der grundsätzlichen Frage zu: «Was versteht man unter Kommunikation?» Aus den vielen Definitionen wählen wir eine sehr einfache: **Kommunikation ist der Prozess der Informationsübertragung.** Diese Definition geht auf die beiden Mathematiker Claude E. Shannon und Warren Weaver zurück, die im Jahr 1948 ein wegweisendes Kommunikationsmodell unter dem Titel «The Mathematical Theory of Communication» veröffentlichten. Die Ursprünge dieses Modells waren rein technischer Natur und bezweckten die optimale Kommunikation in der amerikanischen Armee.

Abb. 1-1 zeigt das **Shannon-Weaver-Kommunikationsmodell** in einer leicht vereinfachten Darstellung.

Abb. [1-1]   Einfaches Kommunikationsmodell (Shannon-Weaver)

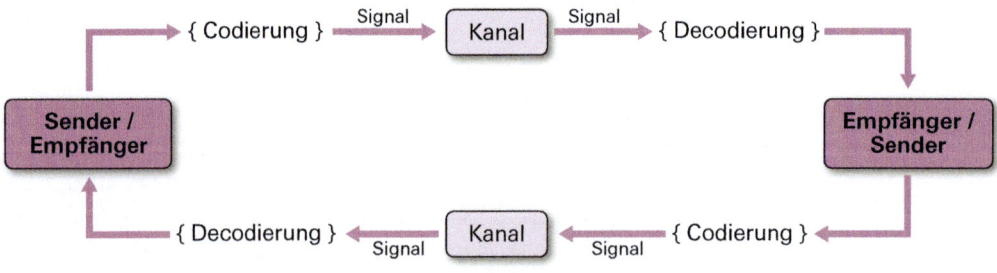

Sender	**Absender** einer Nachricht, Ausgangspunkt, Informationsquelle
Empfänger	**Adressat** der Nachricht, Zielpunkt
Codierung	Die Nachricht wird in **Signale** verschlüsselt.
Signale	Signale sind codierte Nachrichten in Form von Zeichen, Worten, Symbolen. Deren Wahrnehmung erfolgt über unsere Sinnesorgane (Augen, Ohren, Nase, Haut usw.).
Kanal	Als Kanal wird das **Medium** bezeichnet, das die Signale übermittelt (ein Bild, ein Zeitungsartikel, der Fernseher, ein Buch usw.). In der sozialen Interaktion übermitteln wir Signale mit unserem Körper – verbal und / oder nonverbal.
Decodierung	Die verschlüsselten Signale werden vom Empfänger wieder in eine Nachricht **entschlüsselt**.

Der Sender und der Empfänger müssen einen gemeinsamen Code anwenden, damit sie sich gegenseitig verstehen können. Das **erweiterte Kommunikationsmodell** zeigt die Bedeutung dieses gemeinsamen Codes auf.

Abb. [1-2]   Erweitertes Kommunikationsmodell

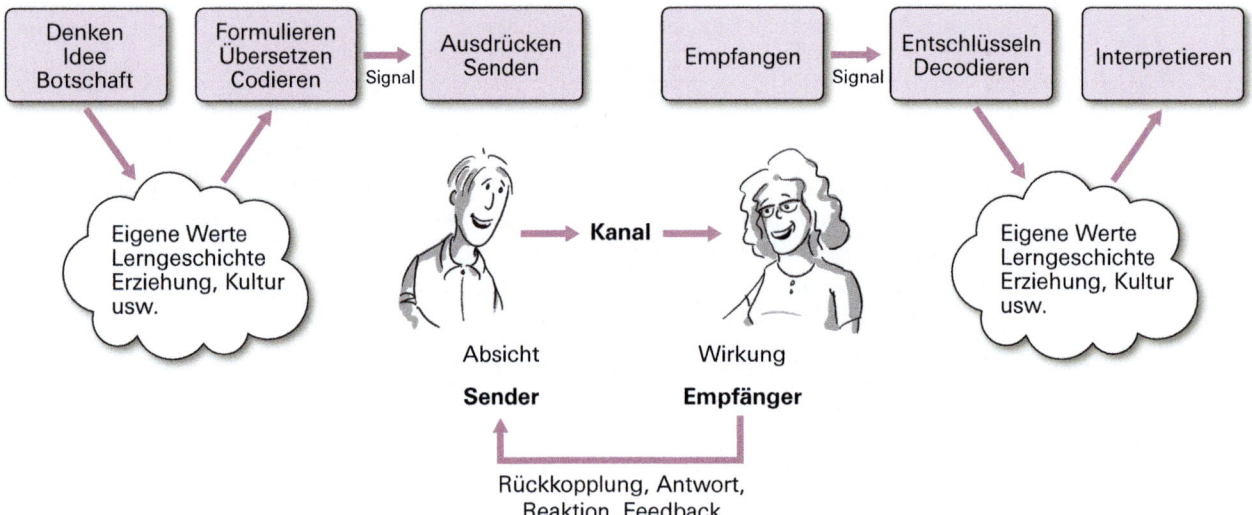

Bevor der Sender sich äussert, reift in ihm ein Gedanke, eine Idee oder eine Absicht. Automatisch verknüpft er diese **Gedanken** mit der eigenen Lerngeschichte, der eigenen Werthaltung, dem eigenen Kulturkreis oder mit eigenen Erfahrungen. Mit diesem eigenen, situativen Bezugsrahmen **codiert** (d. h. übersetzt) der Sender die Nachricht in Signale und übermittelt diese. Dieser Prozess vollzieht sich bei Erwachsenen in Bruchteilen von Sekunden.

Die Nachricht kommt beim Empfänger an und entfaltet ihre **Wirkung**. Der Empfänger muss nun wiederum das Geäusserte **decodieren,** d. h. in seinen eigenen Bezugsrahmen stellen. Dazu bezieht er sich automatisch auf seine Lerngeschichte, seine Werthaltungen, seinen Kulturkreis oder auf seine Erfahrungen und interpretiert das Wahrgenommene entsprechend.

Bei der Übermittlung kann es zu **Missverständnissen** kommen, wenn die Signale unterschiedlich interpretiert werden. Ausser der Fehlinterpretation stellt auch die **eingeschränkte Wahrnehmung** des Signals eine Fehlerquelle dar: Stress, die Beziehung zueinander oder persönliche Erfahrungen können die Sinneswahrnehmungen stark beeinträchtigen. Signale werden dann durch einen **Filter** empfangen.

Beispiel

Zwischen den beiden Arbeitskolleginnen Angela und Michaela schwelt seit Wochen ein unausgesprochener Konflikt. Michaela nimmt Angela nur noch negativ wahr: Sie stört sich an ihrer lauten Stimme, registriert die kleinsten Fehler bei der Arbeit, findet Angelas Fröhlichkeit aufgesetzt und merkt sich genau, wie oft und wie lange sie mit Kollegen private Gespräche führt.

Michaelas Wahrnehmung ist verzerrt. Indem sie nach Bestätigungen ihres negativen Bilds von Angela sucht, blendet sie positive Wahrnehmungen konsequent aus.

Auch **äussere Faktoren,** wie Lärm, Dunkelheit, Hitze, schlechte Luft, körperliche Beeinträchtigungen usw., können unsere Sinneswahrnehmungen trüben. Auch hier sprechen wir von einem Filter.

Eines der Hauptprobleme der Kommunikation ist, dass die Codierung bzw. Decodierung immer nach dem eigenen, **individuellen Bezugsrahmen** erfolgt. Wir können unsere Gedanken und Gefühle nur verschlüsselt übermitteln, d. h. in Signale eingepackt. Dadurch entsteht automatisch viel Raum für Missverständnisse. Sender und Empfänger können die Qualität der Verständigung durch eine **Rückmeldung** (ein Feedback) überprüfen. Der Empfänger meldet zurück, wie er die Nachricht entschlüsselt hat, wie sie bei ihm angekommen ist und was sie bei ihm auslöst. Der Sender erhält damit eine Bestätigung dafür, ob seine Sende-Absicht mit dem Empfangsresultat übereinstimmt.

Generell soll im **Kommunikationsprozess** unterschieden werden zwischen dem,

- was ich sagen will,
- was ich wirklich sage,
- was die andere Person hört,
- was die andere Person gehört zu haben glaubt,
- was die andere Person sagen will,
- was die andere Person wirklich sagt,

und dem,

- was ich glaube, dass die andere Person gesagt hat.

Das Modell zeigt ebenfalls auf, dass Informationen in der **sozialen Kommunikation** oder **Zwei-Weg-Kommunikation** ausgetauscht werden. Es geht hier also um die **Wechselbeziehung** zwischen den Kommunizierenden. Wir werden uns vor allem mit dieser Art von Kommunikation befassen.

1.2 Kommunikationsgrundsätze

Der Kommunikationsprozess zeigt auf, wie eine Nachricht übermittelt wird und wo Störungen oder Fehlerquellen möglich sind. Ergänzend zu dieser eher technischen Sicht gibt es Grundannahmen zur Wirkung der zwischenmenschlichen Kommunikation. Die **Dialog-Theorie** des Kommunikationsforschers Paul Watzlawick formuliert dazu **fünf Axiome**.[1]

---

[1] Watzlawick, Paul; Beavin, Janet H.; Jackson, Don D.: Menschliche Kommunikation. Formen, Störungen, Paradoxien, Bern 2011.
Unter einem Axiom versteht man einen als absolut richtig anerkannten Grundsatz, eine gültige Wahrheit, ein Prinzip.

1. Man kann nicht nicht kommunizieren.

Jedes Verhalten ist zugleich eine **Mitteilung.** Selbst mein Versuch, nicht zu kommunizieren, indem ich schweige oder mich abwende, sendet eine Botschaft an den Empfänger.

2. Jede Kommunikation hat eine Sach- und eine Beziehungsebene.

Neben dem Inhalt einer Nachricht, d. h., **was ich kommuniziere,** spielt die Art und Weise, **wie ich kommuniziere,** eine entscheidende Rolle für den Empfänger dieser Nachricht.

3. Kommunikationsabläufe werden unterschiedlich strukturiert.

Wenn wir miteinander kommunizieren, geht jeder von seiner **eigenen Wahrnehmung der Wirklichkeit** aus. Daraus leiten wir gewisse Regeln ab, beispielsweise, wann sich wer wie zu verhalten hat oder etwas ansprechen darf.

Gegensätzliche Wahrnehmungen führen zu **Missverständnissen.** Die Kommunikation wird so zu einem Kreislauf, der keinen bestimmten Anfang und kein bestimmtes Ende hat.

4. Kommunikation erfolgt digital und analog.

Sender und Empfänger übersetzen ständig zwischen den digitalen und den analogen Botschaften:

- **Digitale Kommunikation** mithilfe von **Wörtern, Sätzen, Zahlen** und **Symbolen** (z. B. Piktogrammen). Diese sprachliche Kommunikation folgt einem logischen und eindeutigen Schema und übermittelt inhaltliche Botschaften auf der Sachebene.
- **Analoge Kommunikation** mithilfe von **Bildern, non- und paraverbalen Signalen** (Gesten, Mimik, Stimmlage usw.). Diese nichtsprachliche Kommunikation übermittelt emotionale Botschaften. Sie ist mehrdeutig und birgt ein besonderes Risiko für Fehlinterpretationen. So können z. B. Tränen sowohl Trauer als auch Freude ausdrücken.

5. Kommunikation verläuft symmetrisch oder komplementär.

Die Beziehung zwischen den Kommunikationspartnern beeinflusst zwischenmenschliche Kommunikationsabläufe:

- Eine **symmetrische Beziehung** beruht auf **Gleichheit.** Die Kommunikationspartner tauschen sich auf Augenhöhe aus (z. B. in einer Verhandlungssituation).
- Eine **komplementäre Beziehung** beruht auf **Unterschiedlichkeit.** Die Kommunikation zwischen den Partnern ist durch ihre Rollenverteilung, hierarchische oder gesellschaftliche Position geprägt (z. B. Vater / Kind, Vorgesetzte / Mitarbeiter, Bundesrat / Bürgerin).

1.3 Sach- und Beziehungsebene der Kommunikation

Gemäss dem zweiten Axiom von Watzlawick unterscheidet man bei der menschlichen Kommunikation zwischen der **Sachebene** und der **Beziehungsebene.** Auf der Sachebene wird der Inhalt der Nachricht übermittelt, auf der Beziehungsebene, wie die Nachricht zu verstehen ist.

Man geht davon aus, dass wir die Signale auf der Beziehungsebene stärker gewichten als jene auf der Sachebene. Der Eisberg stellt dieses Verhältnis eindrücklich dar: Der (verborgene) Beziehungs- oder Gefühlsbereich ist ungleich grösser als der (sichtbare) Sachbereich. Worüber man sich austauscht, ist wichtig; wie man sich austauscht, ist für das gegenseitige Verständnis noch wichtiger.

Abb. [1-3] Eisbergmodell der Kommunikation

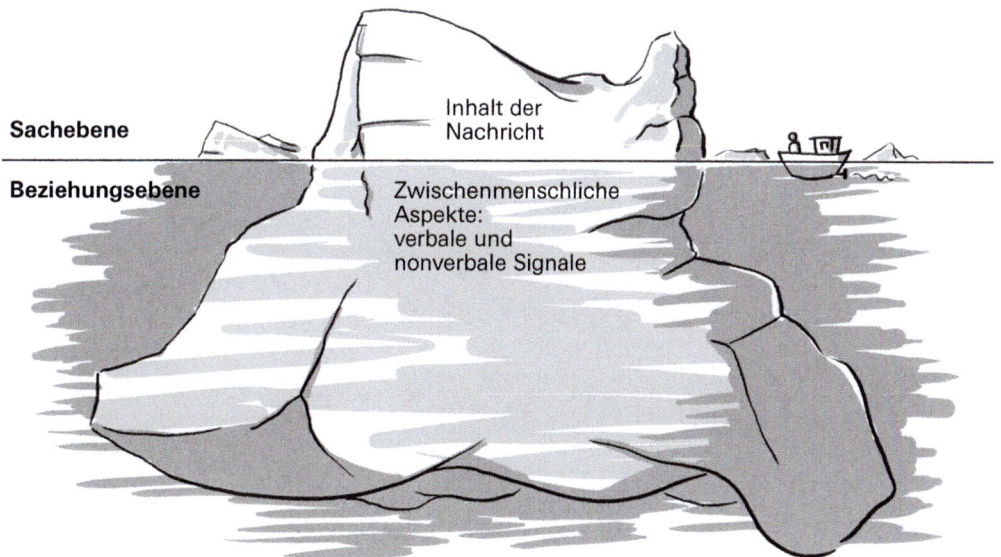

Erfolgreich ist ein Gespräch verlaufen, wenn das **Sachthema zielorientiert** bearbeitet wurde und beide Gesprächspartner mit einem **guten Gefühl** auseinandergehen. In einer vertrauensvollen Beziehung kann man direkt und schnell zum Sachthema kommen. Ist die Beziehung unklar oder gestört, muss sie zunächst geklärt und das **nötige Vertrauen wiederhergestellt** werden, damit ein konstruktiver Austausch der Sachthemen möglich wird. Geschieht dies nicht, sind **Missverständnisse** im weiteren Gesprächsverlauf vorprogrammiert.

Die Kommunikation erfolgt nie ausschliesslich auf der Sachebene. Selbst bei einer nüchternsachlichen Aktennotiz schwingt die Beziehungsebene mit, was sich in den Reaktionen zeigt.

Beispiel — Mögliche Reaktionen auf eine nüchterne Aktennotiz:
- «Das hätte man mir auch persönlich sagen können!»
- «Warum stehe ich in der Verteilerliste erst an dritter Stelle?»

Die Balance zwischen der Sach- und der Beziehungsebene bleibt nicht einfach aufrechterhalten. Vielmehr müssen sich die Partner stets darum bemühen, insbesondere dann, wenn **unerwartete Störungen** auftreten. Solche Hürden machen den Austausch lebendig und spontan, aber auch anspruchsvoll.

Beispiel — In einem Gespräch beurteile ich eine bestimmte Sachfrage ganz anders als mein Gegenüber und begründe meine Auffassung mit Gegenargumenten. Mein Gesprächspartner kann darin einen Angriff auf die eigene Person oder einen Vorwurf erkennen – gleichgültig, ob dies meine Absicht war oder nicht.

Sobald man sich auf der **Beziehungsebene nicht mehr sicher** fühlt, stellt man sich plötzlich zweifelnde Fragen, wie etwa: Wie steht mein Gesprächspartner wirklich zu mir? Akzeptiert er mich oder lehnt er mich ab? Was bezweckt er wohl mit dieser Aussage? – Diese Fragen betreffen das eigene Sicherheits- und Selbstwertgefühl. Um die Aufmerksamkeit wieder auf das Sachthema lenken zu können, ist es jetzt wichtig, etwas für die gegenseitige Beziehung zu tun und **Zweifel auszuräumen.** Dies muss nicht unbedingt verbal erfolgen. Eine wohlwollende Geste oder ein freundlicher Blick können dasselbe bewirken.

Beispiel — Ich kann die Meinungsverschiedenheit bei einer Sachfrage verbal entschärfen: «Deine Argumente kann ich gut nachvollziehen. Trotzdem muss ich dir in einigen Punkten widersprechen.»

1.4 Kommunikationsquadrat

Der deutsche Kommunikationswissenschafter Friedemann Schulz von Thun hat die Unterscheidung der Sach- und der Beziehungsebene in der Kommunikation erweitert. Mit dem Kommunikationsquadrat[1], auch bekannt unter dem Namen «Vier-Seiten-Modell» oder «Vier-Ohren-Modell», schuf er ein allgemeingültiges Modell der zwischenmenschlichen Kommunikation.

Das Kommunikationsquadrat sagt aus, dass meine Äusserung – ob ich will oder nicht – immer **vier Botschaften** gleichzeitig enthält:

1. **Sachinhalt:** worüber ich informiere
2. **Selbstkundgabe:** was ich von mir zu erkennen gebe
3. **Beziehungshinweis:** was ich von dir halte und wie ich zu dir stehe
4. **Appell:** was ich bei dir erreichen möchte

Abb. [1-4]   **Kommunikationsquadrat**

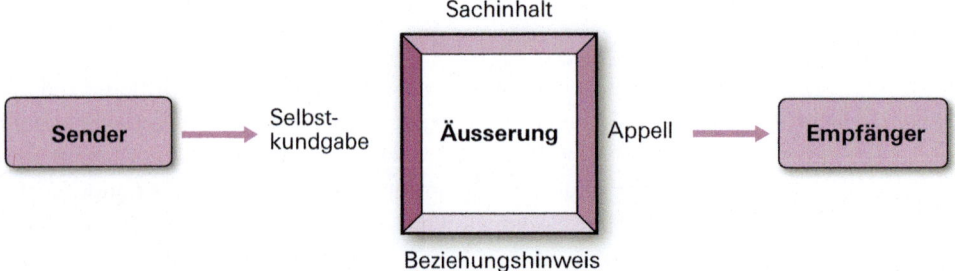

Gemäss dem Vier-Seiten-Modell spielen in der Kommunikation immer **alle vier Seiten gleichzeitig** eine Rolle, sowohl beim Sender als auch beim Empfänger.

Beim Sender:

- Sachinhalt
- Selbstkundgabe
- Beziehungshinweis
- Appell

Beim Empfänger:

- Sachohr
- Selbstkundgabe-Ohr
- Beziehungsohr
- Appellohr

Abb. [1-5]   **Sender und Empfänger im Vier-Seiten-Modell**

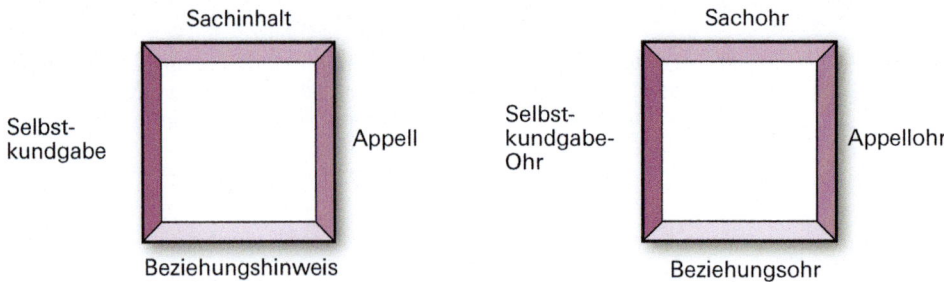

Grundsätzlich kann der Empfänger frei wählen, welche Botschaften er aufnehmen will. Allerdings setzt er seine **vier Ohren** oft **unterschiedlich stark** ein. Bildlich gesprochen ist «ein Ohr stärker auf Empfang als die anderen», je nach Situation oder Kommunikationspartner. Diese Einseitigkeit führt zu Verständigungsproblemen: Man redet aneinander vorbei.

[1] Quelle: Schulz von Thun, Friedemann: Miteinander reden 1. Störungen und Klärungen, Reinbek bei Hamburg 2013

Beispiel	Die Vorgesetzte zum Mitarbeiter: «Kannst du bitte diesen Brief zur Post bringen?»		
Sender (Vorgesetzte)		**Empfänger (Mitarbeiter)**	
Sachinhalt	Der Brief muss noch heute abgeschickt werden.	Sachohr	Der Brief muss noch heute abgeschickt werden.
Selbstkundgabe	Ich habe keine Zeit, zur Post zu gehen.	Selbstkundgabe-Ohr	Sie findet sich offenbar zu wichtig, um selbst zur Post zu gehen.
Beziehungshinweis	Du bist auch dazu da, mich zu unterstützen.	Beziehungsohr	Sie mag mich offenbar nicht, sonst müsste ich solche Aufgaben nicht für sie erledigen.
Appell	Bring jetzt den Brief zur Post.	Appellohr	Wenn ich den Brief nicht zur Post bringe, wird es Probleme geben.

1.4.1 Sachinhalt – Sachohr

Wir senden Botschaften als Sachverhalt, Fakten und Daten, tauschen Argumente aus, überprüfen den Wahrheitsgehalt und die Relevanz des Gesagten. Meist stimmt die Sachebene mit dem wörtlich genommenen Inhalt der Mitteilung überein. Zwischen dem Sender und dem Empfänger kann es aber einen Filter geben, der aufgrund der unterschiedlichen Erfahrungen getrübt ist.

Leitfragen zum Sachohr:

- Was nimmt mein Sachohr als Nachricht auf?
- Verstehe ich, was der Sender mir mitteilen wollte?
- Habe ich diese Nachricht sachlich ungefiltert empfangen?

1.4.2 Selbstkundgabe – Selbstkundgabe-Ohr

Ob wir wollen oder nicht, in unseren Botschaften geben wir uns selbst – unsere Emotionen, Bedürfnisse, unsere Haltung und Einstellung – zu erkennen. Die Selbstkundgabe kann offen (von der gesunden Selbstdarstellung bis zum Imponiergehabe) oder zurückhaltend (von der Diplomatie bis zur Selbstverleugnung) sein.

Der Empfänger kann die Selbstkundgabe des Senders lediglich erahnen und interpretieren, denn der Sender setzt dafür den Massstab. Am besten geht dies, wenn er sich authentisch (echt) und situationsgerecht zeigt.

Leitfragen zum Selbstkundgabe-Ohr:

- Wie will der Sender sich zeigen?
- Wie muss ich die Selbstdarstellung des Senders deuten?
- Passt das Gesagte mit der Art zusammen, wie es gesagt wird?

1.4.3 Beziehungshinweis – Beziehungsohr

Wir senden immer auch Botschaften über die Beziehung zum Gegenüber. Die Art der Formulierung, der Tonfall, die Mimik und Gestik zeigen, wie ich zum anderen stehe, was ich von ihm halte und wie ich ihn wertschätze.

Leitfragen zum Beziehungsohr:

- Wie stehe ich zum Sender?
- Was hält der Sender wohl von mir?
- Bin ich wirklich bereit, dem Sender zuzuhören und ihn verstehen zu wollen?

1.4.4 Appell – Appellohr

Der Sender verfolgt ein **Ziel,** will mit seiner Botschaft etwas Bestimmtes beim Empfänger **bewirken** und ihn auf diese Weise auch **beeinflussen.** Diese Einflussnahme kann offen als klare Aufforderung oder Anordnung erfolgen oder verdeckt als unausgesprochene Erwartung.

Leitfragen zum Appellohr:

- Welche Aufforderung des Senders nehme ich wahr?
- Was will der Sender bei mir erreichen?
- Höre ich eine Erwartung an mich heraus, die der Sender so gar nicht abgeschickt hat?

Im beruflichen Alltag heben wir die Sachinformation hervor und verkennen dabei gerne, wie stark wir uns durch die unausgesprochenen Botschaften an das Selbstkundgabe-, an das Beziehungs- und an das Appellohr beeinflussen lassen.

1.5 Verbale und nonverbale Kommunikation

Wenn zwei Menschen miteinander sprechen, teilen sie sich nicht nur mit Worten (verbal) mit. Daneben setzen sie noch weitere Ausdrucksformen ein, um ihre Aussage zu unterstreichen: z. B. einen bestimmten Tonfall (paraverbal) oder eine bestimmte Geste (nonverbal). Der Empfänger nimmt die **paraverbale Botschaft** über das **Gehör** und die **nonverbale Botschaft** über das **Auge** auf. Oft geschieht dies unbewusst, wirkt aber stärker als die eigentlichen Worte. Deshalb ist auf die paraverbale und auf die nonverbale Kommunikation auch im geschäftlichen Umgang besonders zu achten.

1.5.1 Nonverbale Ausdrucksformen

Nonverbale Botschaften liefern wichtige **Zusatzinformationen** zu den verbalen Botschaften. Sie betreffen vor allem den **Beziehungsaspekt** der Kommunikation, d. h. die Gefühle, Einstellungen, Stimmungen, die innere Haltung usw., und werden **auf mehreren Kanälen** gleichzeitig gesendet und empfangen. Das Gesagte wird beispielsweise mit der Körperhaltung, dem Blickkontakt und dem Gesichtsausdruck verglichen und bewertet:

- Eine Mitteilung oder Botschaft ist **kongruent,** wenn alle verbalen und nonverbalen Signale **übereinstimmen** und somit auch als stimmig wahrgenommen werden.
- Eine Mitteilung oder Botschaft ist **inkongruent,** wenn die verbalen und nonverbalen Signale **nicht zueinanderpassen.** Sie irritieren den Empfänger, wobei er die nonverbalen Signale meist als verlässlicher und echter wahrnimmt als die verbalen Signale.

Beispiel — Die Vorgesetzte informiert ihren Mitarbeiter über die bevorstehende Reorganisation. Obwohl dieser nichts sagt, drückt er seine Missbilligung deutlich aus: mit verschränkten Armen, einem Stirnrunzeln und nach unten gezogenen Mundwinkeln.

In der zwischenmenschlichen Kommunikation verständigen wir uns nonverbal über unsere Körpersprache und den Umgang mit Zeit, Raum und bestimmten Gegenständen. Das Gegenüber sieht diese nonverbalen Ausdrucksformen.

Abb. [1-6] Nonverbale Ausdrucksformen

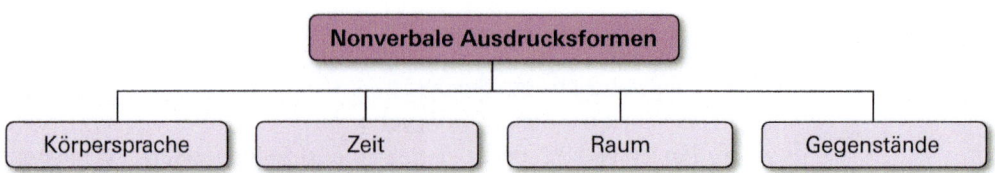

A] Körpersprache

Der berühmte israelische Pantomime Samy Molcho[1] schreibt: «Der Körper ist der Handschuh der Seele, seine Sprache das Wort des Herzens. Wenn wir offene Sinne und ein waches Auge für die Signale und Kommentare unserer Körpersprache haben, können viele Gespräche und Begegnungen leichter und erfolgreicher verlaufen. – Die Kenntnis der Körpersprache öffnet direkte Wege zueinander und einen freieren Umgang miteinander.»

Die Körpersprache ist unsere erste Sprache: Bevor das Kleinkind sprechen kann, drückt es mit seiner Körpersprache seine Gefühle und sein Befinden aus. Besondere Aufmerksamkeit schenkt das Kleinkind dem **Blickkontakt,** den es aufzunehmen versucht, sobald es jemanden in seiner Nähe wahrnimmt. Der Blickkontakt ist auch in unserem späteren Kommunikationsverhalten wichtig. Die **Häufigkeit** des Blickkontakts interpretieren wir als Interessenbekundung, die **zeitliche Länge** als Zeichen der Offenheit, Selbstsicherheit oder Überlegenheit.

Wir gewinnen einen **ersten Eindruck** eines Menschen durch sein **Auftreten,** seine **Körperhaltung** und seine persönliche **Ausstrahlung.** Dieser erste Eindruck ist sehr wichtig für unser Gespür, denn die Körpersprache verrät uns oft mehr als das gesprochene Wort. Wir achten bewusst darauf, was wir sagen wollen. Unsere Körpersprache können wir dagegen kaum kontrollieren, besonders dann, wenn uns ein Gespräch nahegeht. Als **Mimik** bezeichnet man den **Gesichtsausdruck,** als **Gestik** den **Körperausdruck.**

Abb. [1-7] Körpersprache

Mimik	Gestik
Bewegungen der Gesichtsmuskeln, vor allem: • Stirn • Augenbrauen • Augen • Nasenflügel • Mund • Kiefer	Bewegungen des restlichen Körpers, vor allem: • Hände und Finger • Arme • Kopf • Schultern • Rumpf • Beine

Wir registrieren anhand von Mimik und Gestik sehr genau, ob jemand nervös und verkrampft oder ruhig und gelöst ist.

Beispiel

Theres begrüsst ihren neuen Mitarbeiter Jules zum Probezeitgespräch: «Schön, dass wir uns über deine ersten Wochen bei uns unterhalten können!»

Mit seinem starren Blick und seiner steifen Körperhaltung signalisiert Jules, dass er angespannt ist. Theres nimmt sich darum erst einmal Zeit, mit einigen allgemeinen Fragen die Gesprächsatmosphäre zu lockern, bevor sie mit dem eigentlichen Probezeitgespräch beginnt.

B] Zeit

Die **Pünktlichkeit** und das **Einhalten von Terminen** oder Verabredungen können etwas über den Status, die Macht und die Autorität einer Person aussagen. Zeit ist knapp. Wie wichtig uns eine **Beziehung** ist, drücken wir unter anderem dadurch aus, **wie viel Zeit** wir ihr widmen.

Beispiel

- Seit Freddy Mitglied der Direktion geworden ist, kommt er keine Minute zu früh an bestimmte Sitzungen bzw. verlässt diese gerne kurz vor dem Schluss. – Freddy drückt damit seinen Status aus: Anderes ist mir wichtiger!
- Verena und Marco präsentieren den Zwischenstand im Projekt. Der Auftraggeber hört Verena aufmerksam zu, Marco hingegen unterbricht er schon nach wenigen Sätzen. – Er gibt damit zu verstehen: Ich zähle mehr auf Verena!

[1] Molcho, Samy: Körpersprache, München 1984.

C] Raum

Wie viel und welchen Raum jemand für sich beanspruchen darf, sagt viel über seinen Status in einer Gemeinschaft aus. Allgemein gelten die folgenden Regeln:

- **Mehr ist besser als weniger:** Je höher die hierarchische Position, desto grösser ist das Büro oder desto teurer ist die Büroeinrichtung.
- **Privat ist besser als öffentlich:** Die Mitgliedschaft bei einem privaten Golfklub ist begehrter als jene bei einem öffentlichen.
- **Nah ist besser als fern:** Je näher sich der eigene Arbeitsplatz bei jenem der Vorgesetzten befindet, desto wichtiger scheint der betreffende Mitarbeiter zu sein. Nähe kann jedoch auch das Gegenteil bedeuten, nämlich Kontrolle.

Der Abbau von Hierarchien hat auch die Gestaltung von Arbeitsräumen verändert. So gibt es vielerorts Teambüros statt Einzelbüros und auf die qualitative Ausstattung der Arbeitsplätze (Klima, Ergonomie) wird mehr Wert gelegt als auf die Grössenverhältnisse.

Als **Distanzzone** bezeichnet man die räumliche Distanz zwischen den Kommunizierenden. Sie gibt Aufschluss über ihre **Beziehung**.

Abb. [1-8]   **Distanzzonen**

Distanzzonen	Erklärung	Beispiel
Intime Distanz	Die intime Distanzzone reicht vom direkten körperlichen Kontakt bis zu einer Entfernung von ca. 60 cm. Unter Fremden ist das Eindringen in diese Intimzone unschicklich.	Wir werten ein kurzes Schulterklopfen allgemein als Zeichen von Nähe und Verbundenheit. In einer ungleichen Beziehung kann es jedoch auch als Belästigung empfunden werden.
Persönliche Distanz	Die persönliche Distanzzone bewegt sich zwischen ca. 60 und 150 cm, was der normalen Distanz zwischen zwei Gesprächspartnern entspricht.	Zum Feedbackgespräch setzen sich die Vorgesetzte und der Mitarbeiter in einem natürlichen Abstand von ca. 90 cm an den Tisch.
Gesellschaftliche oder soziale Distanz	Die gesellschaftliche Distanz schliesst aus, dass man sich berührt. In dieser Distanzzone von ca. 1.5 bis 4 m werden allgemeine Botschaften ausgetauscht.	Der Morgengruss aus einer Entfernung von 3 m zeigt Verbundenheit im Team, hingegen wirkt die Frage nach dem persönlichen Wohlbefinden indiskret.
Öffentliche Distanz	Die öffentliche Distanzzone beginnt bei einem Abstand von ca. 4 m. Die persönliche Beziehung hört auf, man wirkt als Einzelperson.	Ein Kollege setzt sich zur Kaffeepause nicht wie gewohnt an den Tisch seines Teams. Damit signalisiert er den anderen, dass er momentan ungestört bleiben will.

D] Gegenstände

Auch Gegenstände können Träger nonverbaler Kommunikation sein. Typische Signale dafür sind:

- **Sauber ist besser als schmutzig:** Makellose Unterlagen signalisieren mehr Professionalität als zerknitterte Unterlagen.
- **Gross ist besser als klein:** Ein grossmotoriges Auto signalisiert mehr geschäftlichen Erfolg als ein Kleinwagen.
- **Ordentlich ist besser als unordentlich:** Ein aufgeräumter Schreibtisch signalisiert eine zuverlässigere Leistung als ein chaotischer, mit Papier übersäter Schreibtisch.
- **Selten ist besser als alltäglich:** Ein aussergewöhnlicher Designeranzug signalisiert einen erleseneren Geschmack als ein gewöhnlicher Anzug von der Stange.
- **Eigen ist besser als fremd:** Ein eigenes Haus signalisiert mehr Wohlstand als eine gemietete Wohnung.
- **Aktuell ist besser als überholt:** Wer immer das neueste Smartphone einsetzt, signalisiert, dass er aufgeschlossener ist als jemand, der nach wie vor ein älteres Modell benutzt.

1.5.2 Paraverbale Ausdrucksformen

Nicht nur was wir sagen, sondern auch **wie wir etwas sagen,** ist in der Kommunikation bedeutungsvoll. Paraverbale Signale senden wir insbesondere durch den Einsatz unserer Stimme und durch unser Sprechverhalten. Der Empfänger hört sie. Sie wirken vor allem auf der Beziehungsebene, da in ihnen die innere Haltung und die emotionale Stimmung des Senders mitschwingen.

Abb. [1-9]   Paraverbale Ausdrucksformen

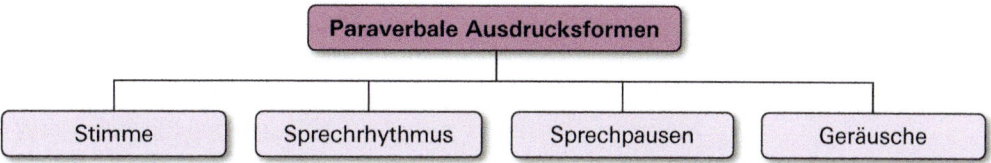

A] Einsatz der Stimme

Als **Tonfall** bzw. Intonation bezeichnet man die Art und Weise, wie wir die Worte aussprechen. Nicht umsonst heisst es: «C'est le ton qui fait la musique.» (Sinngemäss: Der Ton macht die Musik.)

Unsere Emotionen drücken wir insbesondere auch über die **Stimmlage,** in der wir etwas sagen, aus: hoch oder tief, tragend oder zitternd, aggressiv oder sanft, drohend oder gutmütig.

Beispiel
- **Tonfall:** Wörtlich bedeutet «ja» eine Zustimmung. Je nachdem, in welchem Tonfall jemand dieses «Ja» ausspricht, kann es offene Begeisterung, höfliche Zustimmung, Unschlüssigkeit oder eine verdeckte Ablehnung bedeuten.
- **Stimmlage:** Auch wenn ein Kleinkind die Worte der Mutter noch nicht verstehen kann, nimmt es die über die Stimmlage ausgedrückte Freude oder Verärgerung sofort wahr und reagiert darauf.

Nebst der Stimmlage wirkt auch die **Lautstärke,** in der wir etwas sagen, auf den Empfänger: Allzu laut empfindet er ebenso als unangenehm wie allzu leise.

Mit einer stärkeren oder schwächeren **Betonung** einzelner Wörter oder Satzteile vermitteln wir, was für uns mehr Bedeutung oder weniger Bedeutung hat.

B] Sprechrhythmus

Unter **Sprechrhythmus** versteht man die **zeitliche Gliederung** des Gesprochenen. Wenn ich flüssig und in gleichmässigem Tempo spreche, wirke ich sicherer in meiner Aussage, als wenn ich sie hektisch oder übertrieben langsam vortrage.

C] Sprechpausen

Auch Schweigen ist ein wichtiges Kommunikationsmittel. Mit **Sprechpausen** lade ich mein Gegenüber ein, sich zu äussern. Ich zeige mein **Interesse an einem Austausch.** Wenn jemand hingegen unablässig «ohne Punkt und Komma» spricht, wirkt dies unüberlegt und egoistisch.

Ich kann auch einer Aussage mehr Gewicht geben, wenn ich danach kurz schweige, bevor ich weiterrede. Hingegen werden **längere Sprechpausen** oft als **unangenehmes Schweigen** empfunden, etwa als Ausdruck von Verlegenheit, Einsilbigkeit oder mangelndem Interesse.

D] Geräusche

Eine Aussage können wir auch mithilfe von Geräuschen in eine ganz bestimmte Richtung weisen, z. B. mit einem **Hüsteln**, **Räuspern**, **Seufzen** oder **Stöhnen** oder **Summen**.

Zusammenfassung

Der **Kommunikationsprozess** setzt einen Sender, einen Empfänger sowie eine Nachricht oder Botschaft voraus:

- Der **Sender codiert** (übersetzt) seine inneren Gedanken in Signale. Seine Haltung, seine Erfahrungen und seine Werthaltungen bestimmen den Codierschlüssel.
- Der **Empfänger decodiert** (entschlüsselt) daraufhin die gesendeten Signale. Dazu benützt er seinen eigenen Codierschlüssel, der von seinen eigenen Erfahrungen und Lerngeschichten geprägt ist.
- Mit seinem **Feedback** zeigt der Empfänger dem Sender, wie er die Nachricht entschlüsselt hat.

Zu **Missverständnissen** in der Kommunikation kommt es aus folgenden Gründen:

- Dasselbe Signal wird **unterschiedlich interpretiert.**
- **Innere und äussere Filter** beeinträchtigen die Sinneswahrnehmung.

Die fünf **Kommunikationsgrundsätze** (Axiome) nach Watzlawick lauten:

1. Man kann nicht nicht kommunizieren.
2. Jede Kommunikation hat eine Sach- und eine Beziehungsebene.
3. Kommunikationsabläufe werden unterschiedlich strukturiert.
4. Kommunikation erfolgt digital und analog.
5. Kommunikation verläuft symmetrisch oder komplementär.

Die Kommunikation verläuft auf der **Sachebene** (Inhalt der Nachricht) und auf der **Beziehungsebene** (verbale und nonverbale Signale). Sie bezieht den ganzen Menschen ein, seinen Verstand und seine Gefühle. Der Gesprächserfolg zeigt sich darin, dass das Sachthema in einer angenehmen, respektvollen Gesprächsatmosphäre gelöst wurde.

Das **Kommunikationsquadrat** geht davon aus, dass eine Äusserung vier Botschaften enthält, die der Sender übermittelt und der Empfänger interpretiert:

- **Sachinhalt:** Sachverhalt, Fakten, Daten
- **Selbstkundgabe:** Emotionen, Bedürfnisse, Einstellung, Haltung
- **Beziehungshinweis:** Beziehung zum Gegenüber
- **Appell:** Ziel, Einflussnahme, Aufforderung

Nebst der verbalen Kommunikation gibt es die non- und die paraverbale Kommunikation:

Nonverbale Kommunikation	Paraverbale Kommunikation
Sich ohne Worte ausdrücken: • Körpersprache (Mimik und Gestik) • Zeit • Raum • Gegenstände	Wie wir etwas sagen: • Tonfall • Stimmlage • Sprechrhythmus • Sprechpausen • Geräusche

Repetitionsfragen

1 Wie würden Sie die folgenden drei Aussagen decodieren?

A] «Mit meinem Lohn war ich ganz zufrieden …» (Anlässlich eines Austrittsgesprächs.)

B] «Nun gut, ich werde an diesem Treffen teilnehmen. Obwohl ich in der nächsten Woche wirklich schon sehr viel anderes zu erledigen hätte …» (Ein Mitarbeiter zu seiner Vorgesetzten.)

C] «Bei mir darf nichts schiefgehen, beim Kollegen Looser hingegen …» (Beim Bier zu einem Freund.)

2 Beschreiben Sie drei Beispiele zu möglichen Fehlerquellen im Kommunikationsprozess.

3 Eine Mitarbeiterin sagt zu ihrem Kollegen: «Du benimmst dich wie ein Macho.»

Interpretieren Sie diese Äusserung gemäss dem Kommunikationsquadrat:

A] Vier Botschaften der Senderin

B] Vier Ohren des Empfängers

4 Weshalb werden nonverbale Signale als echter beurteilt als verbale Äusserungen?

5 Welches Axiom von Paul Watzlawick wird hier angesprochen?

«Ich kann akzeptieren, was du soeben gesagt hast. Wie du es aber gesagt hast, macht mich sehr betroffen!»

2 Kommunikationstechniken einsetzen

Lernziele Nach der Bearbeitung dieses Kapitels können Sie …

- die Ich-Botschaften und das aktive Zuhören erklären.
- die passende Frageform in einer bestimmten Gesprächssituation vorschlagen.
- erläutern, was man unter Metakommunikation versteht.
- typische Kommunikationssünden nennen.

Schlüsselbegriffe aktives Zuhören, Alternativfragen, Du-Botschaften, geschlossene Fragen, Herabsetzen, Ich-Botschaften, indirekte Fragen, Killerphrasen, konkretisierende Fragen, Metakommunikation, offene Fragen, rhetorische Fragen, richtungsweisende Fragen, Signale, Spiegeln, Suggestivfragen, Verhaltensdreieck, Verhaltensfragen, Vermeidung, wertende Aussagen

Als Führungsperson sind Sie täglich auf den verschiedensten Ebenen gefordert, auch in der Kommunikation.

Beispiel Nelly ist über das Verhalten ihres Mitarbeiters Emilio ziemlich aufgebracht. Statt die Marketingunterlagen für die Nachmittagssitzung mit ihr zusammen vorzubereiten, telefonierte er den halben Vormittag. Dies, nachdem er schon zu spät zur Arbeit gekommen war! Ihre Zurechtweisung nahm Emilio einigermassen betroffen zur Kenntnis, doch war die gegenseitige Stimmung danach auf dem Nullpunkt. Die Sitzungsvorbereitung verlief dementsprechend harzig. – Nelly seufzt: «Wäre Kommunikation doch nur einfacher!»

Patentrezepte für eine erfolgreiche Kommunikation gibt es leider keine, weder im Führungsalltag noch im Privatbereich. Mit einigen wenigen Techniken tragen Sie bereits viel zu einer besseren Verständigung bei. Dazu gehören das Senden von **Ich-Botschaften,** das **aktive Zuhören,** das **wirksame Fragen** und die **Metakommunikation**.

2.1 Ich-Botschaften senden

Über persönliche Gefühle und Ansichten lohnt es sich nicht zu streiten. Es lohnt sich aber, sie gegenseitig ernst zu nehmen als Teil der eigenen Wahrheit. Indem ich über mich selbst spreche, kommuniziere ich offen und direkt.

2.1.1 Du-Botschaften und Verallgemeinerungen

Viele Missverständnisse und schwierige Gesprächssituationen entstehen durch **negative «Du-Botschaften»,** die wir senden. Damit belasten wir die Beziehung zum Gesprächspartner, weil er sie als **Herabsetzung** oder **Ablehnung** empfindet.

Beispiel
- Befehl: «Pack das endlich an!»
- Drohung: «Wenn du noch einmal …»
- Urteil: «Du bist immer so …»
- Ratschlag: «Du solltest nun wirklich …»

Wer sich unter Druck gesetzt fühlt, reagiert mit Gegendruck. Aus Verärgerung, Enttäuschung oder Verletzung entwickelt sich eine **negative Dynamik** in der Kommunikationsbeziehung. Wird sie nicht unterbrochen, spitzt sich der Konflikt immer mehr zu, bis «der da mir gar nichts mehr zu sagen hat!».

WENN WIR VERÄRGERT MIT DEM ZEIGEFINGER AUF JEMANDEN HINDEUTEN, DÜRFEN WIR NICHT VERGESSEN, DASS DABEI DREI FINGER GEGEN UNS SELBST GERICHTET SIND.

Neben den anklagenden Du-Botschaften schaffen auch **Verallgemeinerungen** und **«Man-Botschaften»** ein störendes Gefälle. Sie verbergen die eigene Meinung hinter unpersönlichen Formulierungen wie «man» oder «wir». Besonders in der Umgangssprache sind «Man-Botschaften» stark verbreitet.

Beispiel
- Man hat eigentlich mehr erwartet und ist vom Ergebnis eher enttäuscht.
- Man sollte vom Vorgesetzten mehr Unterstützung bekommen.
- Man hätte mir das früher sagen müssen.

2.1.2 Ich-Botschaften formulieren

Mit Ich-Botschaften bleibe ich mit dem Gesprächspartner **auf Augenhöhe**. Ich nehme ihn ernst, begegne ihm offen, ehrlich und direkt, ohne ihn zu verletzen oder anzugreifen. Mit der Ich-Botschaft drücke ich meine **persönliche Meinung** aus. Ich beziehe selbst Stellung zu einem Thema und verstecke mich nicht hinter Verallgemeinerungen. Auf diese Weise schaffe ich mehr Klarheit und Transparenz. Ausserdem lasse ich meinem Gegenüber offen, wie es reagieren soll.

Beispiel

Ich-Botschaften statt Verallgemeinerungen:

- Ich bin nicht zufrieden mit dem Ergebnis.
- Ich wünsche mir mehr Unterstützung von deiner Seite.
- Ich finde es wichtig, dass Sie Ihre Erwartungen offen aussprechen.

Eine vollständige Ich-Botschaft besteht aus drei Komponenten: der Verhaltens- oder Situationsbeschreibung, den eigenen Gefühlen und den Auswirkungen.

Abb. [2-1]   **Drei Komponenten der vollständigen Ich-Botschaft**

Komponente	Erklärung	Beispiel
Verhaltens- oder Situationsbeschreibung	Ich beschreibe das Verhalten meines Gegenübers oder die Umstände, die aus meiner Sicht ein Problem verursachen, ohne jegliche Wertung.	«Ich habe Sie heute um 13.45 Uhr schon zum zweiten Mal in dieser Woche nicht an Ihrem Arbeitsplatz angetroffen, obwohl Sie um 13.30 Uhr Ihren Dienst antreten müssten …»
Eigene Gefühle	Sodann drücke ich ehrlich und klar aus, was ich dazu empfinde.	«… Ich ärgere mich darüber, …»
Auswirkung(en)	Schliesslich lege ich meinem Gesprächspartner dar, wie ich die Auswirkungen auf mich oder auf Dritte einschätze.	«… weil wir so den Kundenservice nicht gewährleisten können.»

2.2 Aktives Zuhören

Vom ehemaligen US-Aussenminister Dean Rusk (1909–1994) stammt der Ausspruch: «Am besten überzeugt man andere mit den Ohren – indem man ihnen zuhört.»

Die Technik «Aktives Zuhören» stammt vom amerikanischen Psychologen **Carl R. Rogers** (1902–1987). Aktiv zuhören, das klingt selbstverständlich, banal und alltäglich. Die Bezeichnung ist wohl irreführend, denn so einfach diese Technik erscheinen mag, so schwierig ist sie umzusetzen. Nicht umsonst gilt das aktive Zuhören zusammen mit den Ich-Botschaften als das «1×1» der Kommunikation.

Mit aktivem Zuhören ist nicht nur das akustische Zuhören gemeint. Es ist ein **einfühlsames Zuhören** mit dem Ziel, alle Botschaften des Gesprächspartners aufzunehmen und **seine Sicht zu verstehen.** Verstehen heisst nicht, seine Sichtweise einfach zu übernehmen oder gutzuheissen.

Aktives Zuhören erfordert mehr als ein offenes Ohr; es **erfordert alle Sinne.** Das chinesische Schriftzeichen für «hören» veranschaulicht dies.

Abb. [2-2] Chinesisches Schriftzeichen für «hören»

Neben einem offenen **Ohr** halte ich meine **Augen** offen, um auch die nonverbalen Signale wahrzunehmen. Die offene Sinneswahrnehmung signalisiert aber nur dann echten Respekt, wenn die **Aufmerksamkeit ungeteilt** ist. So kann ich zwar gleichzeitig mit jemandem telefonieren und meinen Gesprächspartner am Tisch bewusst anblicken; meine volle Aufmerksamkeit kann ich jedoch nicht beiden Gesprächspartnern gleichzeitig schenken. Schliesslich soll ich das Gehörte auch **gefühlvoll** von **Herzen** wahrnehmen. Erst jetzt höre ich aktiv zu.

2.2.1 Aktives Zuhören anwenden

Klären Sie als Empfänger einer Mitteilung ab, ob Sie diese im **Sinn des Senders** decodiert und interpretiert haben. Filtern Sie das für ihn **emotional Wichtige** heraus und spiegeln Sie es zurück. Dadurch können Sie mögliche Fehlinterpretationen oder Missverständnisse unmittelbar klären. Zeigen Sie Ihrem Gesprächspartner mit nonverbalen Signalen, dass Sie sich voll und ganz auf ihn konzentrieren. Solche Signale sind ein offener Blickkontakt, das Nicken oder zustimmende Äusserungen, wie z. B. «Ich sehe, …» oder «Interessant, …».

Gemäss Friedemann Schulz von Thun erfolgt das aktive Zuhören in drei Stufen:[1]

1. **Beziehungsebene definieren:** Ich teile meinem Gegenüber mit, dass ich mich diesem Gespräch mit ungeteilter Aufmerksamkeit und voller Präsenz widme. Mögliche Äusserungsformen: Blickkontakt, Nicken, Gestik.
2. **Inhalt verstehen:** Ich versuche, die Kernaussage des Gegenübers zu erfassen und «auf den Punkt zu bringen». Mögliche Äusserungsform: «Darf ich kurz wiedergeben, was ich von dir gehört habe? Ich verstehe dich so, dass …»
3. **Gefühle verbalisieren:** Ich spreche aus, welche Emotionen ich beim Gegenüber wahrnehme. Mögliche Äusserungsform: «… Bei mir kommt an, dass Sie sich enttäuscht und verletzt fühlen.»

Abb. [2-3]   **Drei Stufen des aktiven Zuhörens**

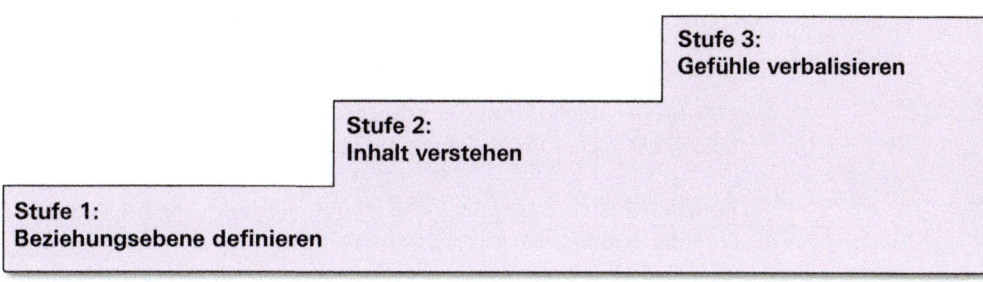

Beim aktiven Zuhören sind vor allem die folgenden Punkte zu beachten:

- Andere ausreden lassen.
- Nachfragen.
- Spontane eigene Meinungsäusserungen unterdrücken.
- Hörbar und sichtbar seine Aufmerksamkeit zeigen.
- Zuwenden, bewusste Körpersprache.
- Das Gehörte in eigenen Worten wiedergeben.

Den **Nutzen** und die **Grenzen** des aktiven Zuhörens fasst Abb. 2-4 zusammen.

Abb. [2-4]   **Nutzen und Grenzen des aktiven Zuhörens**

Nutzen	• Direkte Wertschätzung des Gegenübers im Gespräch. • Vertrauensbildend. • Hilft für ein besseres gegenseitiges Verständnis. • Fördert die Bereitschaft, über sich zu sprechen (Türöffner fürs Gespräch).
Grenzen	• Kein mechanisches Nachfragen, mitleidigen oder ironischen Tonfall vermeiden; sonst wirkt das Nachfragen unehrlich und manipulativ. • Ein ausgewogenes Mass an aktivem Zuhören finden, sonst wird das Gespräch künstlich in die Länge gezogen. • Aktives Zuhören für wirklich Wichtiges einsetzen, nicht überstrapazieren.

2.2.2 Spiegeln

Eng verwandt mit dem aktiven Zuhören ist die Technik des «Spiegelns». Spiegeln bedeutet, dass ich das Gesagte im Sinne des Gegenübers aufnehme und es anschliessend mit meinen **eigenen Worten kurz zusammenfasse.** Dabei bewerte ich das Gehörte bewusst nicht.

Durch das Spiegeln lassen sich mögliche Missverständnisse sofort klären. Ausserdem kann es den Redefluss beruhigen.

---

[1]   Schulz von Thun, Friedemann: Miteinander reden 1. Störungen und Klärungen, Reinbek bei Hamburg 2010.

Beispiel

Im Jahresgespräch kommt die Unpünktlichkeit der Mitarbeiterin zur Sprache. Diese berichtet ausführlich, warum sie bei dieser oder jener Situation nicht selbst schuld am Zuspätkommen war, dass sie sich jedoch mehr Flexibilität in ihren Arbeitszeiten wünscht und dass dies früher viel unkomplizierter gehandhabt wurde.

Der Vorgesetzte meldet sich nach einigen Minuten zu Wort: «Ich möchte einmal zusammenfassen, was ich bis jetzt von dir verstanden habe: Mehr zeitliche Flexibilität ist dir wichtig und du fühlst dich diesbezüglich zu stark eingeschränkt. Habe ich das richtig verstanden?»

Mit der Technik des Spiegelns kann der Vorgesetzte Wertschätzung signalisieren, die Sichtweise der Mitarbeiterin erfassen und das Gespräch wieder auf das eigentliche Thema zurückbringen.

2.3 Wirksame Fragen

Durch Fragen erhalten wir zusätzliche Informationen. Diese brauchen wir, um uns in einer bestimmten Situation richtig zu verhalten, um etwas genauer zu wissen oder jemand besser zu verstehen. **«Wer fragt, der führt!»** – Diese etwas plakative Aussage weist darauf hin, dass sich ein Gespräch **durch gezieltes Fragen bewusst steuern** lässt. Es entsteht eine lebhafter, aufschlussreicher und fruchtbarer Dialog.

Wirksam fragen heisst bewusst fragen. Je nach Anlass wählen Sie eine ganz bestimmte Frageform, damit Sie möglichst gehaltvolle Antworten bekommen.

Abb. [2-5]   **Wirksame Fragen**

2.3.1 Geschlossene Fragen

Geschlossene Fragen können Sie mit einem **«Ja»** oder **«Nein»**, mit «Ich weiss nicht» oder «Vielleicht» beantworten. Das ist nützlich, wenn eine **klare Stellungnahme** und **spezifische Informationen** von der befragten Person gewünscht sind. Ein überwiegend mit geschlossenen Fragen geführtes Gespräch erschwert oder verunmöglicht jedoch den offenen Meinungsaustausch. Es schränkt die befragte Person derart ein, dass es wie ein Verhör wirken kann.

Typische geschlossene Fragen sind: «Haben Sie …», «Bist du …», «Finden Sie …», «Wollen Sie …», «Kennst du …», «Siehst du eine Möglichkeit …», «Legen Sie Wert auf …» usw.

Beispiel	• Sind Sie damit einverstanden? • Hast du die Offerte genau geprüft? • Wollen Sie diesen Auftrag übernehmen? • Kannst du dir eine Zusammenarbeit vorstellen?

2.3.2 Offene Fragen

Offene Fragen laden zu einer **umfassenden Antwort,** zu einer **ausführlichen Stellungnahme** oder zu einem **regen Meinungsaustausch** ein. Dank offenen Fragen können Sie ein tieferes Verständnis von einer Person, Sache oder Situation gewinnen.

Offene Fragen werden auch **W-Fragen** genannt, weil sie mit einem «W» beginnen: was, wie, wo, wann, weshalb, wozu, womit, wer, wen, wem?

Beispiel	• Was halten Sie von der Einführung der neuen Arbeitszeitregelung? • Wo siehst du Möglichkeiten, diese Situation zu verändern? • Weshalb messen Sie dieser Aufgabe die höchste Priorität bei? • Womit könnten wir Sie für dieses Projekt gewinnen? • Wie würde sich dieser Entscheid auf dich auswirken?

2.3.3 Konkretisierende Fragen

Manche Gespräche sind unergiebig, weil man sich keine Blösse geben oder den eigenen Standpunkt nicht offenlegen will. Die Antworten bleiben vage, sind ausschweifend und bestehen aus Allgemeinplätzen. Um weiterzukommen, braucht es eine Vertiefung.

Konkretisierende Fragen helfen dabei: Durch **präzises und gezieltes Nachfragen** erhalten Sie immer konkretere Antworten. Konzentrieren Sie sich auf wenige Fragen und vertiefen Sie diese, bis Sie zum **Kern der Botschaft** vorstossen.

Typische konkretisierende Fragen sind: «Was genau …», «Können Sie mir dies an einem Beispiel aufzeigen?», «Woran erkennen Sie …» usw.

Beispiel	Offene Frage: «Was halten Sie von diesem Produkt?» – Antwort: «Es gefällt mir recht gut!» Der Interviewer stellt konkretisierende Fragen, um zusätzliche oder genauere Angaben zu bekommen: • Was gefällt Ihnen besonders an diesem Produkt? • Warum legen Sie besonderen Wert auf dieses Merkmal? • Was müssten wir ändern oder verbessern, damit wir Sie vollständig überzeugen können?

2.3.4 Verhaltensfragen

Um mehr über das **Verhalten** einer Person **in bestimmten Situationen** zu erfahren, reichen herkömmliche Fragen meist nicht aus. Wenn wir über uns selbst sprechen sollen, empfinden wir dies oft als unangenehm. Wir sind unsicher, welche Antwort von uns erwartet wird, und weichen deshalb auf Verallgemeinerungen oder Ausflüchte aus.

Beispiel	**Unvollständige Frage – unvollständige Antwort** «Was ist beim Kunden Zumix vorgefallen?» – «Er hat reklamiert, weil die Ware schadhaft war. Ich habe alles Notwendige eingeleitet.» Es bleibt unklar, wie der Mitarbeiter die Reklamation des Kunden konkret behandelt hat.

Verhaltensfragen zielen darauf ab, das konkrete Verhalten bzw. das konkrete Handeln in einer bestimmten Situation erfassen und somit auch **objektiver einschätzen** zu können. Dafür eignet sich das **Verhaltensdreieck.** Es besteht aus den drei aufeinanderfolgenden Fragen nach der Situation, dem Vorgehen (Aktion) und dem Resultat (Ergebnis).

Abb. [2-6]   **Verhaltensdreieck**

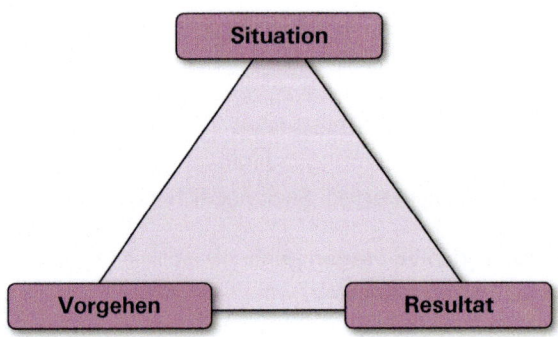

Fragen Sie zuerst immer nach der **konkreten Situation.** So erfahren Sie mehr über die Hintergründe, Zusammenhänge und Umstände für ein bestimmtes Handeln oder Verhalten.

Fragen Sie anschliessend nach dem **konkreten Vorgehen,** das die befragte Person in der betreffenden Situation gewählt hat. Achten Sie darauf, ob sie sich hinter Wunschvorstellungen versteckt – wie man am besten vorgegangen wäre – oder hinter einem mustergültigen Verhalten einer anderen Person. Stellen Sie in einem solchen Fall offene und konkretisierende Fragen, um mehr zu erfahren.

Fragen Sie zuletzt nach dem **Resultat,** das diese Person mit dem geschilderten Vorgehen erzielt hat. Je nachdem zeigt sich das Resultat auch in **Veränderungen,** positiven oder negativen **Auswirkungen** oder **Erkenntnissen.** Was konnte sie damit erreichen, was nicht? Was hat sich dadurch verändert, verbessert oder verringert? Was ist ihr besonders gut gelungen, was weniger gut?

Beispiel   **Vollständige Frage – vollständige Antwort**

«Wie verlief das Gespräch mit dem Kunden Zumix?» – «Er war ausser sich und warf uns vor, ihm beschädigte Ware geliefert zu haben und damit seine Produktion unnötig zu verzögern. Ich habe ihm erst einmal aufmerksam und geduldig zugehört. Aufgrund seiner Schilderung muss die gelieferte Ware tatsächlich stark beschädigt sein.» (Situation)

«Was hast du unternommen?» – «Mir war klar, dass wir die Ware möglichst rasch ersetzen müssen. Ich habe Herrn Zumix darum eine sofortige Nachlieferung per Eilsendung zugesichert und sie sogleich in die Wege geleitet.» (Vorgehen)

«Was hat sich daraus ergeben?» – «Herr Zumix war beruhigt. Inzwischen hat er mir bestätigt, die Ware sei einwandfrei bei ihm eingetroffen, und sich für den Service bedankt.» (Resultat)

Verhaltensfragen geben auch Aufschluss über die Fähigkeit zur **Selbstreflexion,** über den **Lernfortschritt** einer Person und über ihre **persönliche Reife.**

Abb. 2-7 fasst die **Vorteile** der Verhaltensfragen zusammen.

Abb. [2-7]   **Vorteile der Verhaltensfragen**

Für die fragende Person	• Aussagekräftige Informationen zur Situation (Umstände), zum gewählten Vorgehen und zu den damit erreichten Resultaten. • Konkretisierung lässt wenig Raum für Verallgemeinerungen oder Ausflüchte.
Für die befragte Person	• Sachliche Darstellung der Situation und Erläuterungen zum gewählten Vorgehen sind möglich. • Selbstreflexion des eigenen Verhaltens ist Voraussetzung für die persönliche Weiterentwicklung (Lerneffekt).

2.3.5 Indirekte, reflektierende Fragen

Manchmal kann oder will jemand eine Frage nicht beantworten. Vielleicht weicht er aus mit Bemerkungen wie «Ich weiss auch nicht, weshalb» oder «Ich verstehe das auch nicht so richtig». Oder er fühlt sich angegriffen und rechtfertigt sich oder stellt eine Behauptung in den Raum.

Mit indirekten Fragen können Sie **schwierige Gesprächssituationen** überwinden. Sie spiegeln dem Gesprächspartner, was Sie seiner Antwort entnehmen. Dadurch ermutigen Sie ihn, seine **persönliche Meinung** oder seine **Erwartungen offenzulegen** oder ein **Problem selbst zu lösen**. Auch können Sie damit auf **Provokationen** reagieren und das Gespräch in konstruktivere Bahnen lenken.

Typische indirekte Fragen sind: «Sie wollen damit sagen ...», «Sie finden also ...», «Sie meinen also ...» usw.

Beispiel

A: «Ich kann mich wohl einfach nicht so gut verkaufen wie du.»
B reflektiert: «Du glaubst also, es fällt mir viel leichter als dir, andere zu überzeugen?»

A: «Sie mit Ihrem grossen Lohn können das einfach sagen!»
B reflektiert: «Sie sind also der Meinung, mir seien Ihre Sorgen gleichgültig?»

A: «Du hast bisher doch gar nichts zu einer Lösung beigetragen!»
B reflektiert: «Du findest also, ich würde euch im Stich lassen?»

In schwierigen Gesprächssituationen sollten Sie besonders gut auf die richtige Wortwahl und den richtigen Tonfall achten. Indirekte Fragen können sonst schnell auch abschätzig oder angriffig wirken.

2.3.6 Richtungsweisende Fragen

Wenn sich ein Gespräch **im Kreis dreht** und man dem Ziel nicht näherkommt, helfen richtungsweisende Fragen. Greifen Sie einen **inhaltlichen Schwerpunkt** des Gesprächs auf und führen Sie ihn mit möglichst **gezielten, lösungsorientierten Fragen** einen Schritt weiter.

Beispiel

- Wir haben jetzt so viel über die Probleme in der Zusammenarbeit gesprochen. Wie sollen wir nun deiner Meinung nach vorgehen, um daran rasch etwas zu verbessern?
- Ich sehe auch, dass es schwierig wird, allen Ansprüchen gerecht zu werden. Doch wie stellen Sie sich nun den Ablauf dieser Veranstaltung vor?
- Es wäre sicherlich gut, mehr darüber zu wissen. Wie würden Sie sich denn die fehlenden Informationen beschaffen?
- Du bist mit einigem unzufrieden. Wo siehst du die grössten Veränderungschancen?

2.3.7 Alternativfragen

Wenn sich jemand für **kein bestimmtes Thema** oder **Vorgehen** entscheiden kann oder für sich **keine Lösung** sieht, helfen offene Fragen nicht weiter. Alternativfragen schränken den Spielraum ein und erleichtern somit die **Entscheidungsfindung**. In **Verkaufsgesprächen** werden Alternativfragen bewusst eingesetzt, um den Kunden zum Kaufentscheid zu bewegen.

Beispiel

Alternativfragen anstelle von offenen Fragen stellen:

Alternativfrage	Offene Frage
Sollen wir uns am Mittwoch oder Donnerstag treffen?	Wann sollen wir uns treffen?
Bevorzugen Sie einen Projektstart noch in diesem oder erst im nächsten Jahr?	Wann soll das Projekt starten?
Stellen Sie sich zusätzliche Aktionsangebote oder eine Werbekampagne vor?	Wie wollen Sie den Verkauf fördern?

Alternativfragen sind nicht mit doppelten Fragen zu verwechseln. **Doppelte Fragen** sind ungenau, weil sie mehrere Fragen vereinen. Ein Teil davon geht meist im Gesprächsfluss unter. **Vermeiden** Sie daher solche doppelten Fragen.

Beispiel

- Wo sehen Sie das Problem bei diesem Ablauf und was wollen Sie dagegen unternehmen?
- Welches ist die Vorgeschichte dieses Konflikts und welche Lösungsmöglichkeiten siehst du?

2.3.8 Suggestivfragen

Suggestivfragen wirken **manipulativ:** Sie legen dem Gesprächspartner die Antwort in den Mund. Er kann sich nicht frei äussern. Daher wirken Suggestivfragen «von oben herab» oder gönnerhaft. Wer diesen Manipulationsversuch durchschaut, nimmt sogleich eine abwehrende Haltung ein, weil er sich in die Enge getrieben fühlt.

Beispiel

- Du bist doch auch der Meinung, dass wir dieses Problem nun lösen müssen?
- Sie wollen doch auch, dass unsere Abteilung erfolgreich arbeitet, nicht wahr?
- Als verantwortungsvoller, gebildeter Mensch sehen Sie das bestimmt genauso, oder?

Berechtigt sind Suggestivfragen nur, wenn eine Situation so verworren und der Gesprächspartner so unschlüssig ist, dass ihm Suggestivfragen helfen, **mehr Klarheit** zu schaffen, und er mit dieser Frageform einverstanden ist.

2.3.9 Rhetorische Fragen

Rhetorische Fragen sind ein beliebtes Stilmittel in Präsentationen und schriftlichen Erläuterungen. Sie dienen dazu, die **Aufmerksamkeit** der Zuhörenden oder Lesenden zu gewinnen. Rhetorische Fragen beantwortet die fragende Person anschliessend gleich selbst.

Beispiel

- Können wir dieses Problem jemals lösen? – Die Chancen stehen besser denn je ...
- Soll dies die gross angekündigte Zukunft sein? – Vielleicht. Wir stehen aber erst am Anfang ...

2.4 Reden über das Reden – Metakommunikation

«Den Wald vor lauter Bäumen nicht sehen» – diese Metapher zeigt bildlich, worum es bei der Metakommunikation geht: um einen **Perspektivenwechsel.** Damit wir die einzelnen Büsche erkennen und den Wald als Ganzes sehen können, benötigen wir die Fähigkeit eines Helikopters. Er ist wendig genug, um nahe am Boden zu fliegen und rasch aufzusteigen.

Aus diesem Grund spricht man bei der Fähigkeit zur **Metaebene** oft auch von der Fähigkeit zur **«helicopter view»** (Helikopter-Sicht).

Der Fachbegriff «Metakommunikation» wurde durch den deutschen Gestaltpsychologen Wolfgang Metzger (1899–1979) eingeführt. Es geht dabei um die **Kommunikation über die Kommunikation:** Die Gesprächspartner verlagern ihre Kommunikation auf eine andere, übergeordnete Ebene. Sie sprechen darüber, wie sie miteinander sprechen, wie sie miteinander umgehen oder was sie im Moment emotional stark beschäftigt. Das ist nur dank der Fähigkeit zur **Selbstreflexion** möglich, also der Bereitschaft, das eigene Verhalten in einer bestimmten Situation kritisch zu hinterfragen.

2.4.1 Metakommunikation anwenden

Das folgende Beispiel zeigt eine typische Gesprächssituation, in der die Metakommunikation weiterhelfen kann. Nachdem sich der eine Gesprächspartner vergeblich bemüht hat, über seine Verärgerung zu sprechen, thematisiert er die **Kommunikationsstörung,** die er aktuell empfindet.

Beispiel

«Ich versuche dir seit fünf Minuten zu erklären, warum ich mich in unserem gestrigen Gespräch geärgert habe. Dabei hast du mich bereits sieben Mal unterbrochen. Das wiederum verärgert mich! – Lass uns darüber reden, wie wir beide miteinander kommunizieren!»

Ein willkommener Anlass für die Metakommunikation ist auch der Abschluss einer Besprechung oder einer Sitzung, wenn Sie ein **Feedback** einholen wollen. Fragen Sie als Führungskraft z. B. zum Abschluss einer Teamsitzung: «Wie habt ihr das Diskussionsklima eigentlich empfunden?» Damit fördern Sie eine offene Gesprächskultur. Die Teilnehmenden erhalten die Gelegenheit, persönliche Eindrücke und Gefühle auszusprechen.

Mögliche **Fragestellungen** in der Metakommunikation sind:

- Wie fühle ich mich nach dem Gespräch?
- Wie habe ich mich während des Gesprächs gefühlt?
- Wann nahm das Gespräch eine (ungeahnte) Wendung?
- Was machte betroffen (Worte, Aussagen, Inhalte, nonverbale Signale etc.)?
- Was / wer hat dieses Gefühl ausgelöst (positiv wie negativ)?
- War das Gesprächsziel zu Beginn klar – wie änderte es sich allenfalls während des Gesprächs?
- Was möchte ich beim nächsten Gespräch verändern?
- Was gibt es noch zu sagen?

In heiklen Situationen ist die Moderation durch eine **unbeteiligte Drittperson** zu empfehlen. Eine Supervisorin oder ein Coach bleibt unparteiisch und kann sich auf die Moderationsrolle konzentrieren.

2.4.2 Nutzen und Grenzen der Metakommunikation

Wird die Metakommunikation im Führungsalltag konsequent eingebaut, verlängert diese **zusätzliche Feedbackrunde** eine Besprechung oder Sitzung. Jedoch profitieren alle Beteiligten von einer offeneren, positiveren Gesprächskultur.

Eine **lernende Organisation** setzt voraus, dass auch Fehler, Missverständnisse oder Konflikte offen angesprochen, gemeinsam reflektiert und gelöst werden. Die Metakommunikation fördert diese Reflexions- und Lösungsbereitschaft nachhaltig.

Abb. 2-8 fasst den Nutzen und die Grenzen der Metakommunikation zusammen.

Abb. [2-8]

Nutzen und Grenzen der Metakommunikation

Nutzen	• Kann befreiend wirken. • Offenbart latente, schwelende Konflikte. • Ziele oder Motive für ein bestimmtes Verhalten können offen hinterfragt werden. • Missverständnisse können geklärt werden. • Verbessert das gegenseitige Kennenlernen und beugt künftigen schwierigen Gesprächs- und Konfliktsituationen vor. • Sensibilisiert die eigene Wahrnehmung und das Fremdbild. • Prägt die Kommunikationskultur.
Grenzen	• Verlangt von allen Mut und die Bereitschaft, sich selbst zu öffnen. Personen, die dazu nicht bereit und / oder willig sind, ziehen keinen Mehrwert aus dieser Gesprächsform. • Kein «Allheilmittel» gegen Kommunikationsstörungen. Werden Konflikte nicht gelöst, sondern lediglich auf eine Metaebene verlagert, bleibt die Störung vorhanden und eskaliert allenfalls. • Ein Zuviel an Analyse kann sich als unproduktiv und lähmend erweisen. Ein Gleichgewicht zwischen Reflexion und Handeln ist gefordert.

2.5 Kommunikationssünden

Im Alltag stossen wir immer wieder auf negative Kommunikationssituationen, die Missverständnisse, Ärger, Frust und andere negative Gesprächsabbrüche verursachen.

2.5.1 Herabsetzen

Sich selbst über den Gesprächspartner zu stellen, wirkt herablassend. Leicht erkennbar ist dies an **wertenden Aussagen** wie: «Du bist ein hoffnungsloser Fall …!» Die vermeintlich gute Absicht zu **trösten** kann ebenfalls Überheblichkeit ausdrücken. «Ich bin sicher, dir geht es bald schon wieder besser» kann auch signalisieren, dass ich über der Sache stehe und – im Gegensatz zu meinem Gegenüber – die Sache im Griff habe.

Auch das **«Etikettieren»** oder **«Psychologisieren»** wirkt herablassend. Manche neigen dazu, andere vorschnell einzuordnen und herabzusetzen mit Aussagen wie «Dein Problem ist …» oder «Das ist wohl dein Autoritätskomplex …».

Ironie oder **Scherze** sind vordergründig humorig, zielen oft aber auf eine Ermahnung, Belehrung oder Herabsetzung des Gegenübers ab. Ironische Bemerkungen können ein offenes Gespräch verhindern und angeblich freundliche Scherze können eine andere Person verletzen. **Zynismus** als beissender Spott wirkt immer beleidigend, da er die Gefühle anderer bewusst missachtet oder lächerlich macht.

Beispiel

«Was meint denn unsere Fachfrau für Tratsch und Klatsch dazu?» – Die Angesprochene fühlt sich verletzt und herabgesetzt.

2.5.2 Störende Signale setzen

Im Führungsalltag werden mit unbewussten Äusserungen oft Signale gesetzt, die den Kommunikationsfluss hemmen. Diese störenden Signale sind unterschiedlicher Art:

- **Befehle,** wie «Ich verlange von dir, dass du …», geben keinen Spielraum, darüber zu diskutieren. Sie verhindern auch einen Austausch über den Sinn und Zweck der betreffenden Anweisung oder über ein allenfalls besseres Vorgehen.
- **Drohungen,** wie «Wenn du dies nicht machst …» oder «Sie tun gut daran …», machen argwöhnisch. Viele wehren sich dagegen, einfach zu gehorchen.
- **Ratschläge,** wie «Haben Sie auch schon versucht …» oder «Denke bitte daran …», wirken belehrend und stossen daher auf Widerstand.

2.5.3 Vermeiden

Der Kommunikationsfluss kann auch mit **passiven Stilmitteln** manipuliert werden:

- **«Vage sein»** bedeutet auch, sich nicht zu seinen eigenen Botschaften zu bekennen. Sätze wie «Jeder weiss, dass …» oder «Die meisten Menschen stimmen zu, dass …» sind Beispiele dafür, wie man nicht sagt, was man selbst meint. Wenn wir nicht gleich zur Sache kommen, muss unser Gesprächspartner herumrätseln, was wir eigentlich meinen oder wollen.
- **«Nur so viel wie nötig»:** Manche Menschen geben Informationen nach diesem Prinzip weiter. Vielleicht hat diese Haltung früher funktioniert, aber heute müssen Menschen umfassend informiert werden, wenn sie ihre Arbeit richtig machen und erfolgreiche, vollwertige Mitglieder eines Teams sein sollen. **Informationen zurückhalten** führt zu Machtspielen und falschen Überlegenheitsgefühlen statt zu einer erfolgreichen, gleichwertigen Kommunikation.
- Nur zu gerne lässt man sich auf ein **Ablenkungsmanöver** ein, wenn ein Gespräch sehr emotional oder persönlich wird. Man fühlt sich unbehaglich und versucht, wieder auf oberflächliche Themen zurückzukommen, den Gesprächspartner abzulenken, das Thema zu wechseln oder in Klischees zu antworten.

2.5.4 Killerphrasen benutzen

Killerphrasen sind negative Botschaften, die eine **Gewinner-Verlierer-Situation** (Win-lose-Situation) bewirken. Sie frustrieren den Gesprächspartner, «killen» die einvernehmliche Gesprächsbasis und würgen die weitere Diskussion ab.

Killerphrasen können Sie mit einer **Rückfrage** konstruktiv begegnen. Dadurch eröffnen Sie neuen Spielraum für die Fortführung des Gesprächs.

Beispiel

Killerphrase	Konstruktive Rückfrage
Das geht bei uns nicht …	Kannst du mir erklären, warum nicht?
So haben wir das früher nicht gemacht …	Was spricht dagegen, es trotzdem zu probieren?
Alles nur Theorie …	Wie würdest du das anpacken?
Klingt ja gut; aber funktioniert niemals …	Wo sehen Sie den Schwachpunkt?
Was werden die wohl von uns denken …	Was haben wir deiner Meinung nach zu verlieren?
Das ist nicht mein Problem …	Das stimmt, doch betrifft es uns beide. Helfen Sie mir, das Problem zu lösen?
Wenn die Idee so gut wäre, hätte man sie schon längst umgesetzt …	Was schlägst du stattdessen vor?
Wir haben nun wirklich schon alles ausprobiert …	Ich weiss nicht genau, wie Sie das meinen. Was haben Sie schon alles ausprobiert?

Zusammenfassung

Eigene Meinungen und Gefühle sollen in **Ich-Botschaften** mitgeteilt werden. So entsteht Klarheit und Verbindlichkeit. Anklagende oder angreifende Du-Botschaften sind wann immer möglich zu vermeiden, aber auch verallgemeinernde Ausdrücke wie «wir» oder «man».

«Aktives Zuhören» ist ein einfühlsames Zuhören. Der Empfänger bemüht sich, die Mitteilung im Sinne des Senders zu decodieren und dessen Ansicht zu verstehen. Dafür braucht es ein offenes Ohr für den anderen, offene Augen, die ungeteilte Aufmerksamkeit und das Herz.

Spiegeln bedeutet, die Mitteilung des Gegenübers in eigenen Worten zusammenzufassen, um dadurch allfälligen Missverständnissen vorzubeugen.

Durch **wirksames Fragen** will man weitere Informationen gewinnen. Der bewusste, situationsgerechte Einsatz der unterschiedlichen Frageformen ist ein wichtiges Gesprächsführungsmittel.

Geschlossene Fragen	Lassen sich mit «Ja» oder «Nein» beantworten und fordern eine klare Stellungnahme.
Offene Fragen	W-Fragen ermöglichen eine offene, ausführliche Antwort.
Konkretisierende Fragen	Vertiefendes Nachfragen bei unklaren oder ausweichenden Antworten.
Verhaltensorientierte Fragen	Durch die Frage nach der Situation, dem Vorgehen und dem damit bewirkten Resultat lässt sich das individuelle Verhalten ergründen.
Indirekte Fragen	Reflektieren das Gesagte, um schwierige Situationen zu klären.
Richtungsweisende Fragen	Gezielte, klärende Fragen, die ein stockendes Gespräch weiterbringen.
Alternativfragen	«Oder»-Fragen als Entscheidungshilfe.
Suggestivfragen	Manipulative Fragen, um die eigene Meinung zu untermauern oder ein verworrenes Gespräch zu entflechten.
Rhetorische Fragen	Selbst beantwortete Fragen, dienen dazu, Aufmerksamkeit zu erzeugen.

Die **Metakommunikation** befasst sich mit der «Kommunikation über die Kommunikation». Von einer überblickenden Ebene aus reflektieren die Gesprächspartner das Gespräch. Konsequent angewandte Metakommunikation

- fördert das Unternehmen im Sinne einer lernenden Organisation,
- sensibilisiert bezüglich Kommunikations- und Konfliktkultur und
- fördert die Persönlichkeitsentwicklung.

Als **Kommunikationssünden** gelten das Herabsetzen, das Senden störender Signale, das bewusste Vermeiden und das Benutzen von Killerphrasen.

Repetitionsfragen

6 Beschreiben Sie den Unterschied zwischen «Aktivem Zuhören» und «Spiegeln» anhand eines Beispiels.

7 Ordnen Sie folgende Fragen der zutreffenden Frageform zu.

A] Wo warst du vor einer Stunde?

B] Bist du nicht auch der Meinung, dass hier eine Entscheidung längst fällig wäre?

C] Können Sie mir bitte eine konkrete Situation schildern, in der Sie die Führungsaufgabe als ausgesprochen schwierig empfanden?

D] Wie gehen wir nun konkret vor?

E] Was halten Sie vom neuen Budgetierungsprozess?

F] Wollen Sie zuerst eine Pause machen oder möchten Sie sofort mit der Präsentation beginnen?

8 Beantworten Sie die Frage einer Kollegin: «Weshalb braucht es für Metakommunikation Mut und Bereitschaft?»

9 Beschreiben Sie stichwortartig, was man unter den folgenden Kommunikationsbegriffen versteht.

A] Killerphrasen

B] Vermeiden

Praxisaufgaben

1 **Kommunikationstechniken anwenden**

Bestimmt wenden Sie einzelne Kommunikationstechniken bereits sehr erfolgreich an und andere wollen Sie vielleicht gezielt verbessern. Mit dieser Praxisaufgabe schaffen Sie dafür eine erste Grundlage:

- Analysieren Sie im Lerntagebuch drei unterschiedliche Gesprächssituationen aus Ihrem beruflichen Alltag, ob und wie Sie Ich-Botschaften einsetzen, aktiv zuhören, wirksam fragen oder die Metakommunikation einsetzen.
- Notieren Sie in Ihrem Lerntagebuch, was Ihnen dabei besonders gut gelungen ist und was Sie in einem nächsten Gespräch konkret verändern wollen.

2 **Wirkung des Fragens beurteilen**

Beurteilen Sie bei zwei Interviews in den Medien, welche Fragetechnik die interviewende Person anwendet:

- Stellt sie vorwiegend offene oder geschlossene Fragen?
- Wechselt sie die Frageform häufig?
- Wie wirken sich die Frageformen auf das Gesprächsklima aus?

3 Wirkungsvolle Kommunikation

Lernziele	Nach der Bearbeitung dieses Kapitels können Sie ... • die Grundpfeiler einer wirkungsvollen Kommunikation beispielhaft beschreiben. • erklären, welche Besonderheiten die interkulturelle Kommunikation kennzeichnen und wie Sie diese konstruktiv einsetzen können.
Schlüsselbegriffe	Beziehungsebene, Diversity, Emotionen, Empathie, Fremdsprache, Höflichkeit, interkulturelle Kommunikation, Kommunikationsstil, konstruktive Grundhaltung, Lösungsfokussierung, Muttersprache, nonverbale Kommunikation, O.k.-Haltung, Problemfokussierung, Sachebene, Sprache, Sprachgebrauch, W-Fragen, Win-win-Situation

Auf andere wirke ich **authentisch** (echt und zuverlässig), wenn mein Verhalten und meine innere Einstellung übereinstimmen. Meine verbalen und nonverbalen Signale senden das aus, was ich **innerlich denke und fühle.** Kommunikation gelingt, wenn meine Botschaften – ob mündlich oder schriftlich – beim Gegenüber eindeutig ankommen und glaubwürdig wirken.

Mache ich hingegen eine «gute Miene zum bösen Spiel», nimmt das Gegenüber dies als gekünstelt, unpassend oder gar als abschätzig wahr.

Beispiel

Lara ärgert sich über die schlechte Arbeitsleistung ihrer Mitarbeiterin. Sie nimmt sich jedoch vor, ihren Unmut zurückzuhalten und ihre Kritik im Mitarbeitergespräch sachlich vorzubringen.

Dies will ihr aber nicht richtig gelingen. Ihr Lächeln bei der Begrüssung wirkt aufgesetzt und ihre Stimme tönt schriller als sonst. Die Mitarbeiterin geht unweigerlich auf Distanz, denn sie ahnt, dass etwas nicht stimmt.

In bestimmten Situationen können wir anderen etwas vormachen, um einen bestimmten Eindruck zu erzeugen. Den wenigsten gelingt es jedoch, andere auf Dauer zu täuschen. Für Authentizität gibt es daher nur ein Rezept: einen Kommunikationsstil entwickeln, der zur eigenen Persönlichkeit und zur jeweiligen Situation passt. Dies bedeutet

- **wertschätzend kommunizieren** auf der **Beziehungsebene**: Emotionen bewusst zulassen, sich in das Gegenüber einfühlen und konstruktive Botschaften senden.
- **situationsgerecht kommunizieren** auf der **Sachebene**: nach Lösungen statt nach Fehlern suchen und Sitten anderer Kulturen respektieren.

Abb. [3-1] Sach- und Beziehungsebene der wirkungsvollen Kommunikation

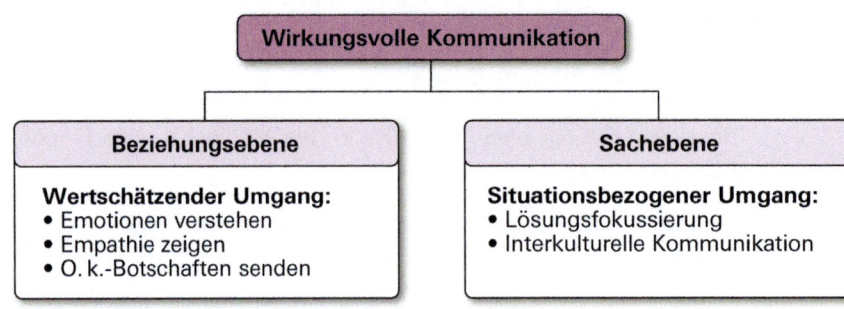

3.1 Emotionen verstehen

Emotionen (Gefühle) lassen sich nicht verbannen, auch wenn wir es uns in der einen oder anderen Gesprächssituation wünschen. Werden sie **über längere Zeit unterdrückt,** besteht die Gefahr, dass sie sich unkontrolliert und unkontrollierbar entwickeln. In einem solchen Fall ist ein konstruktives, **sachliches Gespräch nicht mehr möglich.** Dann helfen weder Appelle an die Vernunft noch Zurechtweisungen oder das geflissentliche «Überhören» der emotionalen Botschaften.

Auf Dauer können wir unsere Gefühle nicht verheimlichen. So ändert sich z. B. die Stimmlage oder die Mimik, wenn wir tief betroffen oder aufgeregt sind. Oft nehmen wir das aber nicht bewusst wahr und wundern uns dann, wenn das Gegenüber fragt: «Was ist nur los mit dir?»

Wir erleben fortwährend unterschiedliche Arten von Emotionen:

- **Angenehme Emotionen:** Freude, Zuneigung, Interesse
- **Neutrale Emotionen:** Gleichgültigkeit, Neutralität
- **Unangenehme Emotionen:** Angst, Ärger, Scham, Traurigkeit, Ekel, Verachtung, Neid

Es braucht ein Innehalten und **«In-sich-Hineinhorchen»,** um ein in uns aufkeimendes Gefühl zu erkennen. Die **Selbstkenntnis** hilft, es so wahrzunehmen, dass wir damit konstruktiv umgehen können. Dann gelingt es uns besser, die Gefühle anderer anzuerkennen und ein Gespräch, das bisher von Emotionen (vom sogenannten Affekt) bestimmt war, in geordnete Bahnen zurückzuführen.

Unsere Emotionen widerspiegeln unsere **Betroffenheit,** was uns **besonders wichtig** ist und welche **Interessen** wir in einer bestimmten Situation verfolgen. Sie wahrzunehmen, ist der erste Schritt. Ein nächster ist, sie zu respektieren und **offen anzusprechen.**

Beispiel	• Ich spüre, diese Mitteilung löst in dir Wut und Ärger aus. • Wie darf ich Ihr Schweigen deuten? • Ich sehe dir an, das du dich unwohl fühlst bei dieser Entscheidung. • Ich bin verunsichert. Mir scheint, als ob du dich für diese Lösung nicht begeistern kannst.

Häufig führt dieses Ansprechen zu einem unerwartet **positiven Wendepunkt** im Gesprächsverlauf, weil nun der emotionale Druck nachlässt, der auf einem lastet. Unser Gegenüber fühlt sich verstanden und es gelingt ihm in der Folge, wieder auf die Sachebene zurückzukehren.

Beispiel	Thomas ärgert sich über seinen Vorgesetzten Michael. Dieser nimmt die Spannung wahr und sucht das Gespräch. «Thomas, mir ist heute Morgen in der Teambesprechung aufgefallen, dass du energisch auf den Tisch geklopft und danach nicht mehr aktiv an der Diskussion teilgenommen hast. Was brachte dich so in Aufregung?» – «Das fragst du noch? Das ist ja wohl klar …!» – «Mir ist es nicht bewusst, ich sehe aber, dass dich etwas sehr aufregt. Was war denn der Auslöser?» – «Die neuen Bodenmarkierungen. Sie wurden aus Sicherheitsgründen angebracht, nicht als Markierung für Lagerraum. Aber DIR ist das ja eh egal!» – «Ich habe die Markierungen aufgrund der Lagerknappheit zweckentfremdet, das stimmt. Ich dachte mir, für eine so kurze Zeit sei das kein Problem. Doch hätte ich das natürlich nicht allein entscheiden dürfen. Das war unfair von mir, sorry!» – «Diese Markierungen sind wirklich wichtig! Aber nun gut, ist ja nur für eine kurze Zeit … Wenn wir schon dabei sind, würde ich gerne noch eine andere Frage mit dir klären …»

3.2 Empathie zeigen

Emotionen bereichern die Kommunikation, mit ihnen empathisch umzugehen, vertieft sie.

Empathie (altgriechisch für «Leidenschaft» im Sinne von «mitleiden») wird häufig mit **Einfühlungsvermögen** übersetzt. Gemeint ist die Fähigkeit zum bewussten Perspektivenwechsel: sich in die Gedanken und Gefühle eines anderen Menschen hineinzuversetzen und darauf angemessen zu reagieren. Man spricht in diesem Zusammenhang auch vom bewussten **Perspektivenwechsel.**

Diese Fähigkeit beruht auf meiner **inneren Haltung,** dass ich anderen Menschen aufmerksam und respektvoll begegnen möchte. Sie ist das Fundament für tragfähige harmonische Beziehungen und ein Türöffner für eine konstruktive Kommunikation.

Empathische Menschen

- **interessieren** sich für andere Menschen, deren Ansichten, Werte, Gefühle und Gedanken.
- **versetzen sich** in den Standpunkt des Gegenübers.
- **hören aktiv zu,** indem sie das Gehörte wertfrei entgegennehmen.
- **unterscheiden** zwischen den eigenen Gefühlen und Gedanken und jenen des Gegenübers.

Den bewussten Perspektivenwechsel drückt ein indianisches Sprichwort anschaulich aus: «Urteile nicht über einen anderen Menschen, bevor du nicht einen halben Mond in seinen Mokassins gelaufen bist.» Er ist notwendig, um auch jene Beweggründe für ein bestimmtes Verhalten zu erkennen, die nicht offenkundig sind.

Empathie darf jedoch nicht mit bedingungsloser Zustimmung, mit Mitleid oder mit Ratschlägen verwechselt werden. Die folgenden **Grundsätze** sind deshalb wichtig:

- Ich kann einen anderen Menschen verstehen und akzeptieren, ohne mit ihm oder seinen Werten einverstanden zu sein.
- Ich kann mich in einen anderen Menschen einfühlen, ohne seine Gefühle zu teilen oder mich mit ihm zu solidarisieren.
- Ich kann das Gesagte verstehen, ohne es sogleich zu bewerten oder zu kommentieren.

3.3 Konstruktive O. k.-Botschaften senden

Die **innere Haltung** beeinflusst unsere Wahrnehmung und unser Kommunikationsverhalten, auch wenn uns dies oft nicht bewusst ist. Wir drücken sie im Gespräch aus, vielleicht verbal, bestimmt aber nonverbal. Unser Gegenüber interpretiert diese Signale und reagiert darauf.

Beispiel	Michael signalisiert seinem Gesprächspartner mit wohlwollendem Nachfragen, direktem Augenkontakt und einer entspannten Sitzhaltung, dass er sich wohl fühlt. Es entsteht eine konstruktive Gesprächsatmosphäre.

Wer sich über seinen Gesprächspartner stellt, signalisiert ihm «du bist nicht o. k.», was auch heissen kann: «Du und deine Bedürfnisse und Interessen zählen weniger als meine.» Diese Einstellung stört den Kommunikationsfluss und verunmöglicht ein konstruktives Gespräch.

Zwischenmenschliche Beziehungen werden laut dem Psychiater und Autor Thomas A. Harris[1] von **vier Grundhaltungen** bestimmt.

---

[1] Harris, Thomas A.; Harris, Amy B.: Ich bin o. k. Du bist o. k., Reinbek bei Hamburg 2002.

Abb. [3-2]   Vier Grundhaltungen in zwischenmenschlichen Beziehungen (nach T. A. Harris)

Ich bin o. k. – du bist o. k.	Ich habe ein positives Selbstbild und gehe mit einer ebenso positiven, wohlwollenden Haltung auf die andere Person zu. Damit schaffe ich eine optimale Voraussetzung für eine respektvolle, konstruktive Kommunikation.
Ich bin o. k. – du bist nicht o. k.	Ich gestehe der anderen Person mein positives Selbstbild nicht zu. Arrogant oder besserwisserisch gebe ich ihr zu verstehen, dass ich richtig liege und sie falsch. Die Kommunikation wird dadurch vergiftet.
Ich bin nicht o. k. – du bist o. k.	Viele Menschen suchen vorerst die Fehler bei sich selbst. Ist die Selbstkritik übermässig gross, zeigt sich ein negatives Selbstbild. Es entsteht ein Ungleichgewicht und auf Dauer wird die Kommunikation dadurch empfindlich gestört.
Ich bin nicht o. k. – du bist nicht o. k.	Mit dieser negativen Haltung mir selbst und der anderen Person gegenüber verunmögliche ich von vornherein eine konstruktive Kommunikation.

Unterschiedliche Meinungen führen oft zur irrtümlichen Annahme: «Wenn ich recht habe, dann muss der andere falschliegen!» Sie entspricht der Grundhaltung: **Ich bin o. k. – du bist nicht o. k.** Wer so denkt, betreibt das **Gewinner-Verlierer-Spiel** (Win-lose) mit dem Ziel, die eigene Meinung unbedingt durchzusetzen. Mit einem unachtsamen Sprachgebrauch kann ich diese negative Haltung aber auch unbeabsichtigt ausdrücken, etwa mit Du-Botschaften wie «dein Problem ist wohl …» oder mit Belehrungen wie «du musst halt …».

Wer bei unterschiedlichen Meinungen davon ausgeht, dass nur diejenige des anderen richtig ist, erzeugt ebenfalls eine Gewinner-Verlierer-Situation (Win-lose-Situation), lediglich mit anderen Vorzeichen. Ihr zugrunde liegt die Haltung: **Ich bin nicht o. k. – du bist o. k.** Obwohl sich damit ein Meinungsstreit vermeiden lässt, ist die Harmonie nur oberflächlich.

In beiden Fällen findet kein gleichberechtigter Austausch statt und man kommt im Gespräch nicht weiter.

Trotz unterschiedlicher Meinungen ist es jedoch möglich, ein konstruktives Gespräch zu führen. Dafür braucht es die Grundhaltung: **Ich bin o. k. – du bist o. k.** Sie basiert auf der **gegenseitigen Wertschätzung** und erzeugt eine **Win-win-Situation** (Gewinner-Gewinner-Situation). Das Gesprächsklima, die Beziehung der Gesprächspartner und der Gesprächsverlauf werden positiv beeinflusst. Selbst konfliktträchtige Gespräche enden dadurch nicht im Streit und im «Türezuschlagen».

Beispiel

Der Logistik-Teamleiter beschwert sich bei seinem Vorgesetzten: «Gestern Nachmittag war ich ausser Haus. Ich hatte Markus angewiesen, während meiner Abwesenheit die eingetroffene Ware einzuräumen. Doch Markus wurde kurzerhand in den Versandbereich zum Packen abgezogen. Das geht nun wirklich nicht! Wenn man glaubt, dass wir in unserer Abteilung sowieso nichts zu tun haben, dann kann man mir ja gleich alle Mitarbeiter abziehen!» – «Deinen Ärger kann ich gut verstehen. Mich stört es auch, wenn über meinen Kopf hinweg entschieden wird. Ich anerkenne deine Arbeitsorganisation vollumfänglich, obwohl du das möglicherweise nicht so empfindest. Gestern gab es eine aussergewöhnliche Situation. Eine dringende Sendung musste unbedingt noch fertig verpackt werden. Ich sah mich gezwungen, zusätzliche Aushilfen zu finden. Natürlich hätte ich zuerst dich gefragt, wenn du hier gewesen wärst. – Was hättest du an meiner Stelle gemacht?»

Der Vorgesetzte nimmt zunächst die Beschwerde des Teamleiters als berechtigt entgegen. Er zeigt Verständnis für dessen Ärger (Du bist o. k.). Erst dann legt er seine Sichtweise dar und begründet, dass er sein eigenes Verhalten für richtig hält (Ich bin o. k.). Nun fordert er den Teamleiter auf, sich in seine Lage zu versetzen.

Wir müssen ständig an dieser O. k.-Haltung arbeiten. Beobachten Sie sich selbst: Mit welchen Gedanken und Gefühlen schreiben Sie einen negativen Bescheid an einen kritischen Kunden oder bereiten Sie ein schwieriges Mitarbeitergespräch vor? Es lohnt sich daher, vor solchen unangenehmen Situationen **sich selbst zu reflektieren** und sich auf die positive Wirkung einer O. k.-Haltung zu besinnen.

3.4 Lösungsfokussierung

Vom Philosophen Ludwig Wittgenstein (1889–1951) stammt der Satz: «Die Welt des Glücklichen ist eine andere als die des Unglücklichen.»

Eine **optimistische Haltung** ist bei der Lösungsfokussierung richtungsweisend. Wir kommen weiter, wenn wir **zukunftsgerichtet** denken und uns auf die Lösung des Problems konzentrieren, statt unsere Energie auf die Ursachenforschung zu verwenden. In der psychologischen Beratung wurde die Lösungsfokussierung (englisch «solution focus») durch die beiden Psychotherapeuten und lösungsorientierten Coaches Insoo Kim Berg und Steve de Shazer zu Beginn der 1980er-Jahre bekannt gemacht. Mittlerweile ist sie auch im Management und in der Mitarbeiterführung anerkannt.

3.4.1 Vom Problem zur Lösung

Im Führungsalltag bleibt es oft eine Wunschvorstellung, Ursachen und Wirkungen eindeutig bestimmen zu können. Viele Probleme sind dafür zu komplex und zu kompliziert.

Beispiel In einem Projektteam herrscht seit einigen Wochen grosse Unzufriedenheit. In der Folge gerät auch die Projektarbeit ins Stocken. Für einige Teammitglieder ist klar: Der Hauptgrund für die Probleme sind gravierende Kommunikationsmängel des Projektleiters. Andere ärgern sich über die egoistische «Grüppchenbildung» innerhalb des Projektteams, die den offenen Austausch und das gemeinsame Vorankommen verhindert. Der Projektleiter sieht die Ursache für die Unzufriedenheit vor allem in den immer wieder sich ändernden Projektanforderungen des Auftraggebers. So kann er das Projektteam nicht mehr richtig führen … – In einem sind sich alle im Team einig: Nun muss etwas geschehen!

Bei der **Problemfokussierung** schaut man zurück, sucht nach den **Ursachen** für das betreffende Problem und nach den **Schuldigen**. Man erhält zwar mehr Gewissheit, löst aber das Problem noch nicht.

Die **Lösungsfokussierung** richtet den Blick nach vorn. Sie will nicht zu viel Zeit und Energie in die Ursachenforschung und in Analysen investieren. Stattdessen geht sie davon aus, dass die für die Lösung notwendigen **Fähigkeiten** und **Ressourcen** bei den beteiligten Personen bereits vorhanden sind und nur **aktiviert** werden müssen. Falls trotzdem ein Blick zurück nötig ist, soll er dazu dienen, die Ursachen besser zu verstehen, um daraus für die Zukunft zu lernen und etwas grundlegend zu verbessern.

Abb. 3-3 fasst diese beiden unterschiedlichen Betrachtungsweisen zusammen.

Abb. [3-3] Unterschiede zwischen der Problem- und der Lösungsfokussierung

Kriterien	Problemfokussierung	Lösungsfokussierung
Ziel	Nach Defiziten, Ursachen und Schuldigen suchen	Lösungen und die dazu benötigten Ressourcen finden
Zeitaspekt	Blick zurück	Blick nach vorn
Augenmerk	Was war falsch?	Wo läuft etwas gut? Auf welche Weise haben wir das erreicht?
Orientierung	Analyse der Vergangenheit	Handlungen in der Zukunft
Diagnose	«Warum» erkennen, benennen, eingrenzen (Aufmerksamkeit auf Fehlervermeidung)	«Wozu / wofür» benennen (Aufmerksamkeit auf Ziel und Lösung)
Wirkung	• Entschuldigungen, Ausreden • Spaltung • Verkrampfung, Erstarrung • Uneinsichtigkeit und Verweigerung	• Anerkennung von Verbesserung • Übereinstimmung • Gelöstheit • Einsicht und Kooperation
Konsequenz	• Nichthandeln und Abhängigkeit • Ressourcenverlust • Schwächen	• Handeln und Autonomie • Ressourcenzunahme • Stärken

3.4.2 Lösungsfokussiert kommunizieren

Die Lösungsfokussierung geht von folgenden sechs Grundannahmen aus:

1. **Sprechen über die Lösung führt zur Lösung.**
   Statt mit «Wir haben ein Problem» beginnen wir das Gespräch oder das E-Mail mit «Es geht um die Klärung und Optimierung des Arbeitsablaufs …».
2. **Die Ausrichtung auf die Lösung und auf die Zukunft fördert Veränderung in die gewünschte Richtung.**
   «Was kannst du selbst zu einem effizienteren Arbeitsablauf beitragen?»
3. **Konkrete kleine Schritte führen zu Verbesserungen in komplexen Situationen.**
   «Welches ist dein erster Schritt zu einer nachhaltigen Veränderung?»
4. **Aus Fehlern kann man lernen und sie zur Verbesserung nutzen.**
   «Was unternehmen wir als Team, damit wir eine solche schwierige Situation künftig besser meistern?»
5. **Menschen sind autonom und kompetent.**
   «Was machen wir ausgesprochen gut?»
6. **Handlungsempfehlung:** «Wenn etwas funktioniert, mache ich mehr davon.» – «Wenn etwas nicht funktioniert, versuche ich etwas anderes.»

Lösungsfokussiert kommunizieren verbessert das Klima sowohl in einem alltäglichen Führungsgespräch als auch in einem schwierigen Konflikt- oder Verhandlungsgespräch. Auch in der schriftlichen Kommunikation wird eine lösungsfokussiert formulierte interne Mitteilung anders aufgefasst als eine, die vor allem die Probleme betont.

Ein wichtiges Hilfsmittel sind offene **W-Fragen,** die in die Zukunft zielen (s. Kap. 2.3.2, S. 27).

Beispiel
- Welches sind die hauptsächlichen Stärken unseres Teams?
- Was ist aus deiner Sicht hilfreich, um deine Kapazitäten auszubauen?
- Wie würde unser Gespräch für Sie erfolgreich verlaufen?
- Was war in einer ähnlichen Situation besonders hilfreich?
- Was wäre aus deiner Sicht ein richtiger Schritt nach vorne?
- Was möchte ich mit diesem E-Mail erreichen?

3.5 Interkulturelle Kommunikation

Die kulturelle Vielfalt gehört zu unserer **global vernetzten Arbeitswelt.** Dennoch ist sie für viele eine grosse Herausforderung, weil unterschiedliche Werthaltungen, Ansichten, Verhaltensweisen und Sprachen die Kommunikation und die Beziehungen untereinander auch belasten können.

Das nachfolgende Beispiel mag etwas überspitzt sein, doch kommen ähnliche Situationen im Berufsalltag immer wieder vor.

Beispiel

Die Standortleiter eines Detailhandelsbetriebs besprechen die Verkaufsförderungsmassnahmen für das kommende Weihnachtsgeschäft. Der Vorschlag der Tessiner Vertreterin wird von den Kollegen aus Zürich und Basel als «viel zu kitschig» abgelehnt. Daraufhin melden sich die Verantwortlichen der West-, Ost- und Innerschweiz zu Wort. Auch ihnen schwebt ein gefühlsbetonter Weihnachtsauftritt vor. Glühwein und Guetzli für die Kundschaft? Natürlich nicht ganz passend für die Westschweiz und das Tessin, aber immerhin ein guter Ansatz …

Der Marketingleiter hört sich die Diskussion eine Zeit lang an. Als Deutscher kann er diese kleinräumige Denkweise beim besten Willen nicht nachvollziehen. Er meldet sich zu Wort: «So kommen wir nicht weiter. Das lässt sich doch viel einfacher lösen, wenn wir vom Marketing einen einheitlichen Auftritt gestalten. Das wirkt professioneller und ist zudem kostengünstiger als Einzelaktionen vor Ort!»

Damit endet die Diskussion abrupt, reihum ist Unverständnis oder Verärgerung in den Gesichtern zu erkennen.

3.5.1 Kulturelle Vielfalt

Der viel zitierte «Röstigraben» zwischen der Deutschschweiz und der Romandie zeigt beispielhaft die kulturelle Vielfalt, die es in der Schweiz schon lange gibt.

Als Kultur (ursprünglich aus dem Lateinischen «colere» für «pflegen», «bebauen») bezeichnet man unter anderem die **in einer Gesellschaft geltenden Konventionen** (Sitten oder Regeln des Umgangs). Wie stark sie unseren Alltag prägen, wird uns oft erst dann bewusst, wenn jemand dagegen verstösst. Wir reagieren dann verständnislos oder ablehnend: «Das sagt / tut man doch nicht!»

Bei der Begegnung mit Menschen aus anderen Kulturen erkennen wir, wie vielfältig diese Konventionen sein können. Dies ermahnt uns, die Welt nicht nur durch die eigene Brille zu betrachten und uns bewusst mit anderen Gepflogenheiten auseinanderzusetzen. Zahlreiche Untersuchungen zeigen, dass eine multikulturelle Belegschaft die Innovationskraft, Kreativität und Lösungsfähigkeit eines Unternehmens verstärkt. Nebst solchen Chancen besteht aber auch das Risiko für Missverständnisse und Vorurteile.

Hinweis Die kulturelle Vielfalt wird auch als «**Diversity**» bezeichnet. Faktoren sind nebst der Zugehörigkeit zu einer Kultur oder Religion auch die Muttersprache, die Hautfarbe, die Nationalität, spezifische Kenntnisse, Fähigkeiten und Erfahrungen sowie persönliche Unterschiede, etwa hinsichtlich Alter, Beeinträchtigungen, Geschlecht oder sexueller Orientierung.

Vor allem in internationalen Grossunternehmen gibt es heute Fachstellen für Diversity Management, die spezifische Unterstützung anbieten in Form von Coaching oder Teamentwicklung.

3.5.2 Besonderheiten der interkulturellen Kommunikation

Die interkulturelle Kommunikation ist auch darum sehr anspruchsvoll, weil zu den «gewöhnlichen» Stolpersteinen der Verständigung noch einige weitere hinzukommen. Nachfolgend beleuchten wir drei Besonderheiten der interkulturellen Kommunikation etwas genauer.

A] Sprache

Die verbale Sprache ist ein zentrales Verständigungsmittel. Wer sich in seiner **Muttersprache** ausdrücken kann, fühlt sich in der Regel viel sicherer als ein Fremdsprachiger. Bei der interkulturellen Kommunikation ergibt sich ein solches Gefälle, wenn Einzelne auf eine Fremdsprache ausweichen müssen, damit sie von den übrigen Gesprächspartnern verstanden werden.

Behilft man sich einer gemeinsamen «**Arbeitssprache**», vielfach des Englisch, sind die Ausdrucksmöglichkeiten eingeschränkt. Gemeint sind nicht nur der Wortschatz und die korrekte grammatikalische Form, sondern vor allem auch die **Feinheiten im sprachlichen Ausdruck,** etwa der Gebrauch bestimmter Höflichkeitsformen, Redewendungen, Sprichwörter oder von Ironie. Diese Feinheiten spielen eine wichtige Rolle bei der Verständigung auf der Beziehungsebene.

Beispiel Manche Redewendungen mit der gleichen Bedeutung kommen zwar in mehreren Sprachen vor, werden aber mit unterschiedlichen sprachlichen Bildern ausgedrückt. Daher ergibt ihre wörtliche Übersetzung keinen Sinn.

In Deutsch verwendet man für «sich irren» die Redewendung «auf dem Holzweg sein». In Englisch lautet dieselbe Redewendung «barking up the wrong tree» (wörtlich übersetzt «den falschen Baum anbellen»).

Allerdings gibt es auch trotz gleicher Muttersprache unterschiedliche **Ausdrucksweisen,** die zu Verständigungsproblemen führen können. Abb. 3-4 zeigt einige typische Beispiele.

Abb. [3-4] **Unterschiedliche Ausdrucksweisen**

Merkmal	Beispiele für unterschiedliche Ausdrucksweisen
Dialekt	Der Berner Niederlassungsleiter verwendet in seinem Jahresbericht andere Begriffe als die Kollegen aus Hamburg und Wien.
Fachjargon	Die Neurobiologin präsentiert die neuesten Forschungsergebnisse in anderen Worten als die Pressesprecherin des Pharmakonzerns.
Generation	Ein 20-Jähriger verwendet andere Ausdrücke, wenn er über ein Erfolgserlebnis erzählt, als ein 50-Jähriger.

B] Sprachgebrauch

Sprachliche Mängel sind in einem interkulturellen Umfeld akzeptiert. Verwendet jemand ein unpassendes Wort oder einen holperigen Satz, nimmt ihm dies wohl niemand übel. Als unhöflich, respektlos oder beleidigend empfunden wird aber, wenn jemand in bestimmten Situationen gegen den **kulturbedingten Sprachgebrauch** verstösst. Dabei kann dies genauso unabsichtlich geschehen und auf einem Mangel an sprachlicher Kompetenz beruhen. Auch gibt es für den höflichen, respektvollen Umgang miteinander eine Vielfalt an kulturellen Ausdrucksformen.

Beispiel Kulturelle Unterschiede bei der Art,

- eine Bitte zu formulieren,
- Nein zu sagen,
- sich zu begrüssen oder zu verabschieden,
- nachzufragen, wenn man etwas nicht verstanden hat,
- Anerkennung auszusprechen oder Kritik zu üben.

Zum kulturbedingten Sprachgebrauch gehört auch die Art und Weise, etwas Unangenehmes anzusprechen:

- Ein **direkter Kommunikationsstil** ist eher auf die **Sache** bezogen und erlaubt daher, Probleme oder Konflikte sofort und offen anzusprechen. Deutsche, Niederländer, Skandinavier und Amerikaner beispielsweise pflegen einen direkten Kommunikationsstil.
- Ein **indirekter Kommunikationsstil** ist stärker an die **Situation** und an die **Beziehung** zum Gegenüber gebunden. Demzufolge gilt es als respektlos, Probleme oder Konflikte offen anzusprechen, stattdessen werden subtilere Lösungswege gewählt. Viele asiatische und lateinamerikanische Kulturen, aber auch Italiener, Franzosen und Spanier kennen einen indirekten Kommunikationsstil.

C] Nonverbale Kommunikation

In der interkulturellen Kommunikation kommt es häufig zu Missverständnissen, weil die nonverbalen und die paraverbalen Botschaften für den Empfänger **mit dem Gesagten** scheinbar **nicht zusammenpassen** und er daraus Fehlschlüsse zieht.

Wir übersehen, dass es auch bei diesen Botschaften kulturbedingte Unterschiede gibt. In Abb. 3-5 sind einige typische Beispiele dafür aufgelistet.

Abb. [3-5] Nonverbale und paraverbale Botschaften

Signal	Beispiele für kulturelle Unterschiede
Mimik	Im westlichen Kulturkreis drückt ein Lächeln ein positives Gefühl aus, das als Zustimmung gewertet wird, in vielen asiatischen Ländern hingegen kann es auch ein Gefühl der Befangenheit oder Scham bedeuten.
Gestik	Das Nicken mit dem Kopf bedeutet in unserem Kulturkreis eine Bejahung, während es in Griechenland, Bulgarien und in Teilen Indiens einer Verneinung gleichkommt. Ein Ja wäre ein langsames Hin- und Herbewegen des Kopfs als Zeichen des Abwägens.
Sprechpausen	Sprechpausen zwischen zwei Aussagen können in Japan bis 20 Sekunden oder mehr dauern. In unserem Kulturkreis wird bereits eine Pause von etwa 2 Sekunden als Aufforderung an den Gesprächspartner verstanden, sich nun zu äussern.
Raum	Italiener oder Brasilianer nehmen beim Gespräch einen geringeren körperlichen Abstand ein als Deutsche oder Finnen, unabhängig davon, wie gut man sich schon kennt. Dementsprechend empfinden die einen die anderen als distanziert bzw. als aufdringlich.
Stimmlage	In der französischen Sprache enden Aussagen auf einer höheren Stimmlage als in der englischen Sprache. Schildert eine Französin eine Tatsache, kann dies von einer Amerikanerin als Frage missverstanden werden.

3.5.3 Interkulturelle Kompetenz zeigen

Interkulturelle Kompetenz ist die Fähigkeit, sich mit Menschen aus **anderen Kulturen erfolgreich zu verständigen**. Dies bedeutet, Einzelpersonen oder Gruppen aus anderen Kulturen **offen** und **wertfrei** zu begegnen, deren Gepflogenheiten zu erfassen und daraus ein Verhalten abzuleiten, das für alle Beteiligten und für die betreffende Situation als **angemessen** gilt.

Mit anderen Denk- und Verhaltensweisen umzugehen, fällt uns leichter, wenn wir uns zunächst mit den **eigenen kulturellen Besonderheiten** und ihren Auswirkungen kritisch auseinandersetzen. So laufen wir weniger Gefahr, uns gegenüber Personen aus anderen Kulturen sprichwörtlich wie ein Elefant im Porzellanladen zu verhalten: unbeholfen und zuweilen auch arrogant.

Die interkulturelle Verständigung setzt Empathie, eine O. k.-Haltung und die Bereitschaft voraus, die **Andersartigkeit zu respektieren** und in bestimmten Situationen sich bewusst anzupassen. Die Anpassungsbereitschaft darf im internationalen Geschäftsverkehr aber nicht zu weit gehen, weil man sich an einige Unterschiede längst gewöhnt hat und niemand eine angestrengte Überanpassung erwartet. Im Gegenteil, diese könnte auch als anbiedernd aufgefasst werden.

Es gibt ein breites Angebot an **Ratgeberliteratur, Coaching** und **Seminaren** für das korrekte Verhalten in der interkulturellen Zusammenarbeit, bei Geschäftsreisen oder Verhandlungen, in Akquisitions-, Beratungs- und Konfliktsituationen.

Zusammenfassung

Eine wirkungsvolle Kommunikation beachtet Wertschätzung auf der Beziehungsebene und den Situationsbezug auf der Sachebene.

Wertschätzend kommunizieren bedeutet:

- Mit den eigenen **Emotionen** und jenen des Gesprächspartners bewusst umgehen; diese wahrnehmen, ansprechen und ergründen.
- Dem anderen **Empathie** entgegenbringen. Dazu gehört, sich für andere Menschen zu interessieren, sich in ihre Standpunkte zu versetzen, aktiv und wertfrei zuzuhören und zwischen den eigenen und den fremden Gefühlen unterscheiden zu können.
- Mit einer **konstruktiven O. k.-Haltung** zu einem Gesprächsklima beitragen, das auf Akzeptanz und Respekt beruht, d. h. auf einer «Ich bin o. k. – du bist o. k.»-Haltung.

Situationsgerecht kommunizieren bedeutet:

- **Lösungsfokussierung,** indem man sich zukunftsgerichtet und auf die Lösungsfindung konzentriert, anstatt vergangenheitsbezogen nach den Ursachen für ein Problem zu forschen. Ein wichtiges Hilfsmittel für diese positive Haltung sind offene Fragen.
- Die Besonderheiten der **interkulturellen Kommunikation** zu berücksichtigen. Kulturelle Unterschiede gibt es in der verbalen wie auch in der nonverbalen Kommunikation: in der verwendeten Sprache, im Sprachgebrauch und Kommunikationsstil, in der Bedeutung von Mimik, Gestik, Sprechpausen, körperlicher Distanz oder der Tonlage.

Die **interkulturelle Kompetenz** ist die Fähigkeit, Menschen aus anderen Kulturen offen und wertfrei zu begegnen und sich mit ihnen erfolgreich zu verständigen. Dabei gilt es einige Besonderheiten der interkulturellen Kommunikation zu beachten:

- **Sprache:** Die Ausdrucksmöglichkeit in einer Fremdsprache ist gegenüber jener in der Muttersprache eingeschränkt, insbesondere bei sprachlichen Feinheiten. Es gibt aber auch unterschiedliche Ausdrucksweisen trotz gleicher Muttersprache.
- **Sprachgebrauch:** kulturbedingte Regeln für Begrüssungen und Verabschiedungen oder für das Formulieren von Bitten, Verneinungen, Anerkennung oder Kritik.
- **Nonverbale Kommunikation:** Verbale und nonverbale oder paraverbale Botschaften stimmen für den Empfänger scheinbar nicht überein, weil sie je nach Kultur unterschiedlich verwendet werden.

Repetitionsfragen

10 Welche der folgenden Fragen sind lösungsfokussiert?

A] «Woran liegt es nur, dass sie ihrer Aufgabe einfach nicht gewachsen ist?»

B] «Warum passieren immer noch Fehler in diesem Arbeitsablauf?»

C] «Was brauchst du, um eine solche Stresssituation besser zu meistern?»

D] «Was klappt nach wie vor gut in der Zusammenarbeit und was davon kannst du in dieser schwierigen Situation gezielt nutzen?»

11 Eine Deutsche und eine Französin treffen sich, um geschäftliche Meinungsverschiedenheiten zu bereinigen …

Beschreiben Sie zu diesem Anlass ein typisches Beispiel für kulturbedingte Unterschiede im Sprachgebrauch.

12 Bei einem Streit unter Kollegen wirft der eine dem anderen vor: «Dir fehlt jegliche Empathie!»

Erklären Sie in maximal fünf Sätzen, was er damit sagen will?

13 Wann entsteht im Gespräch eine Gewinner-Verlierer-Situation? Wenn

A] jemand versucht, die Meinung des anderen zu verstehen.

B] jemand versucht, die Meinung seines Gesprächspartners zu widerlegen.

C] jemand versucht, seine Meinung durchzusetzen.

Praxisaufgaben

1 **Wirkungsvoll kommunizieren**

Beschreiben Sie eine konkrete Gesprächssituation, in der Sie dank der Lösungsfokussierung wirkungsvoll kommuniziert haben.

- Welches war der Anlass des Gesprächs?
- Wie haben Sie die Lösungsfokussierung konkret gezeigt?
- Was hat Ihre Haltung beim Gegenüber ausgelöst?
- Auf welche Weise hat die Lösungsfokussierung das Gesprächsergebnis Ihrer Meinung nach positiv beeinflusst?

Teil B
Gesprächsführung und Information

Einstieg

Wahrscheinlich haben Sie auch schon solche Arbeitstage erlebt …

Der Verkaufsleiter Theo hatte für heute eigentlich einen «Projektmorgen» geplant. Er wollte einen Anpassungsvorschlag für die Abläufe im Verkaufsinnendienst ausarbeiten. – Doch aus diesem Plan wird leider nichts. Kurz nach Arbeitsbeginn ruft nämlich sein Mitarbeiter Stefan an und berichtet, dass es gestern Unstimmigkeiten mit einem wichtigen Kunden gegeben habe. Für heute Nachmittag stehe deshalb ein klärendes Gespräch an. Stefan bittet Theo, daran teilzunehmen. Ein paar Minuten später erfährt Theo, dass seine Assistentin Nadja auf dem Arbeitsweg einen Unfall hatte und für mindestens drei Tage ausfallen wird. Er muss das Team darüber unverzüglich informieren und sich überlegen, wer kurzfristig einspringen könnte, um Nadjas dringendste Pendenzen zu erledigen. Marco, ein weiterer Mitarbeiter, meldet sich bei Theo. Er wäre sehr froh, wenn er mit ihm ein wichtiges persönliches Anliegen besprechen könnte … – Am Mittag stellt Theo fest, dass er die vergangenen Stunden ausschliesslich mit der Gesprächsführung und mit der Weitergabe von Informationen verbracht hat.

Laut Erhebungen in Unternehmen machen Gespräche über 80% der für Führungsaufgaben eingesetzten Zeit aus. Diese Führungsgespräche sollen einen regen, zielgerichteten und wertvollen Austausch beinhalten, kein «belangloses Miteinander-Reden». Sie motivieren und stärken die Beziehung.

Nachdem Sie die Grundregeln der Kommunikation und der Kommunikationskompetenz kennengelernt haben, spannen wir in diesem Teil den Bogen von der Theorie zur Praxis. Wir gehen auf typische Gesprächs- und Informationsanlässe im Führungsalltag ein.

4 Führungsgespräch

Lernziele	Nach der Bearbeitung dieses Kapitels können Sie ... • ein Führungsgespräch optimal vorbereiten. • ein Führungsgespräch strukturiert durchführen. • ein Führungsgespräch konsequent auswerten.
Schlüsselbegriffe	Abschluss, Auswertung, Einstieg, Einzelgespräch, Gesprächsablauf, Gesprächsatmosphäre, Gesprächsnotiz, innere Vorbereitung, Leitfaden Führungsgespräch, Nachbearbeitung, organisatorische Vorbereitung, Raum, Selbstreflexion, Sitzordnung, Teilnehmerkreis

Führungsgespräche können die Delegation einer Aufgabe oder die Anerkennung für eine besondere Leistung beinhalten, aber auch eine Kritik an einem Arbeitsergebnis oder eine schmerzliche Kündigung. Ausserdem finden sie in unterschiedlichen Konstellationen statt, als Einzel- und Teambesprechungen. Als Führungsperson müssen Sie sich immer wieder neu auf das jeweilige Gespräch einstellen: Im Problemlösungsgespräch sind Klarheit und Konsequenz gefordert, im Feedbackgespräch begleitende Impulse, im Verhandlungsgespräch eine gemeinsame Lösungsfindung.

Manche Führungspersonen oder Mitarbeitenden sträuben sich gegen den **direkten Austausch,** weil sie sich dabei schnell unsicher fühlen. Ob ein Gespräch erfolgreich verläuft, hängt aber nicht nur vom eigenen Befinden ab, sondern vor allem auch von der Art und Weise, wie es geführt wird. Patentrezepte gibt es dafür keine!

Wenn Sie sich an einen erprobten **Gesprächsablauf** halten, werden Sie Führungsgespräche kompetenter, entspannter und deshalb vielleicht auch häufiger führen. Er hilft Ihnen zudem, sich besser auf den inhaltlichen und den persönlichen Austausch mit Ihren Gesprächspartnern zu konzentrieren.

Abb. [4-1] Ablauf eines Führungsgesprächs

Gesprächsvorbereitung → Gesprächsdurchführung → Gesprächsnachbearbeitung

Phasen	Teilschritte
Gesprächsvorbereitung	• Organisatorische Vorbereitung: Teilnehmerkreis, Termin, Raum, Sitzordnung • Eigene, innere Vorbereitung: Sach- und Beziehungsebene
Gesprächsdurchführung	• Gesprächseinstieg • Gesprächsführung: Standpunkte klären, Hintergründe beleuchten, Entscheidungen fällen, Vereinbarungen treffen • Gesprächsabschluss
Gesprächsnachbearbeitung	• Gesprächsauswertung • Gesprächsnotiz • Selbstreflexion

4.1 Gesprächsvorbereitung

Nehmen Sie sich genügend Zeit und bereiten Sie ein Gespräch **sorgfältig** vor, besonders, wenn es Ihnen sehr wichtig ist oder wenn es heikel werden könnte. Sie vergrössern damit die Chance, dass das Gespräch gelingen wird. In der Praxis ist das manchmal schwierig, denn viele Gespräche entstehen ungeplant aus einem spontanen Anlass heraus.

Gerade in hektischen Situationen lohnt es sich dennoch, dass Sie kurz innehalten und sich überlegen, welchen **Standpunkt** Sie in dieser Angelegenheit vertreten und welches **Ziel** Sie anstreben wollen. Halten Sie Ihre Überlegungen und die wichtigsten Gesprächspunkte auch **schriftlich** fest. Mit dieser Gedankenstütze können Sie gut vorbereitet und konzentriert ins Gespräch gehen.

Kündigen Sie **wichtige** und **planbare Gespräche** rechtzeitig an, damit sich alle Beteiligten gut vorbereiten können.

4.1.1 Organisatorische Vorbereitung

Bei der organisatorischen Vorbereitung geht es um die Klärung des **Gesprächsrahmens,** d. h. um den Teilnehmerkreis, den Termin, den Raum und die Sitzordnung.

Abb. [4-2]   Organisatorische Vorbereitung

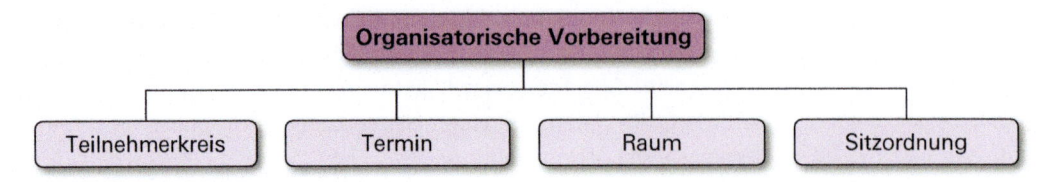

```
                 Organisatorische Vorbereitung
       ┌──────────────┬──────────────┬──────────────┐
  Teilnehmerkreis    Termin         Raum         Sitzordnung
```

A] Teilnehmerkreis bestimmen

Führen Sie Gespräche immer mit allen Betroffenen:

- **Mehrpersonengespräche** und **Teamsitzungen** dienen dazu, gemeinsame Probleme oder Aufgaben zu klären, zu besprechen oder zu lösen, wichtige Informationen direkt auszutauschen und dadurch wertvolle Synergien zu schaffen.
- **Einzelgespräche** sind dann angebracht, wenn es um persönliche oder um schwierige Themen geht oder wenn die Diskretion gewahrt werden muss.

B] Termin abstimmen

Führen Sie Mitarbeitergespräche nicht «zwischen Tür und Angel», sondern vereinbaren Sie die entsprechenden Termine. Zu einem respektvollen Rahmen gehört auch, dass Sie **genügend Zeit** für die Besprechung reservieren. Vielfach reichen 30–60 Minuten aus. Gespräche, die sich über mehrere Stunden hinziehen, sind meist weniger ergiebig.

C] Raum organisieren und einrichten

Wählen Sie wenn möglich einen Raum, in dem Sie **ungestört** sind, der für eine **angenehme Gesprächsatmosphäre** sorgt und eine angemessene **Grösse** hat. In einem zu grossen Raum fühlt man sich schnell «verloren». Zu enge Raumverhältnisse können «beklemmend» wirken.

Führen Sie Gespräche lieber in Ihrem eigenen Büro? In vertrauter Umgebung (im eigenen «Territorium») fühlt man sich sicherer und hat somit «Heimvorteil». In manchen Fällen ist jedoch ein **neutraler Raum** vorzuziehen, da er mehr Offenheit bei allen Beteiligten bewirkt.

Beispiel Ursula hat kürzlich ihre Stelle als Finanzchefin angetreten. Sie bittet einen Abteilungsleiter zu einem informativen Gespräch über einige Positionen im Quartalsbudget zu sich ins Büro. Bei der Begrüssung bemerkt sie, dass der Abteilungsleiter sichtlich nervös und sehr zurückhaltend ist. – Als ihn Ursula darauf anspricht, antwortet er: «Wissen Sie, bei Ihrem Vorgänger war das jeweils so: Kam er zu uns ins Büro, überbrachte er eine angenehme Nachricht. In sein Büro wurde man nur aufgeboten, wenn es um Kritik oder um einen negativen Bescheid ging.»

Sorgen Sie dafür, dass im Besprechungs- oder Sitzungszimmer eine angenehme **Raumtemperatur** herrscht und gut gelüftet wurde. Stellen Sie geeignete **Hilfsmittel,** wie z. B. Flipchart oder Beamer, und das notwendige **Arbeitsmaterial** rechtzeitig bereit. Offerieren Sie ausreichend **Getränke.** Sie schaffen damit eine einladende, positive Atmosphäre und ein stockendes Gespräch kann mit einem Griff zum Wasserglas – buchstäblich – wieder «zum Fliessen» gebracht werden.

D] Sitzordnung bestimmen

In einem **Zweier-Gespräch** sollten Sie **übers Eck,** nicht frontal gegenüber sitzen. Die Tischbreite oder -länge schafft eine Barriere, die bei der Sitzordnung übers Eck aufgehoben wird. Mutige verzichten bei bestimmten Gesprächen sogar bewusst auf einen Tisch, um mehr persönliche Nähe zu signalisieren.

Achten Sie bei Gesprächen mit **mehreren Teilnehmenden** darauf, dass jeder **direkten Blickkontakt** zu allen anderen hat.

4.1.2 Eigene, innere Vorbereitung

Bei der eigenen, inneren Vorbereitung geht es um die **Selbstklärung.** Richten Sie dabei Ihren Blick auf die Sach- und auch auf die Beziehungsebene. Die Leitfragen in Abb. 4-3 helfen, sich innerlich auf das Gespräch vorzubereiten.

Abb. [4-3] **Leitfragen für die eigene, innere Vorbereitung**

Sachebene	• Wie sehe ich den Sachverhalt? • Wie sieht mein Gesprächspartner den Sachverhalt? • Welche zusätzlichen Informationen brauche ich allenfalls? • Welche Gesprächsziele verfolge ich? • Was will ich unbedingt ansprechen? • Was erwarte ich vom Gespräch? • Welchen Beitrag erwarte ich vom Gesprächspartner? • Was wäre ein gutes Gesprächsergebnis?
Beziehungsebene	• Wie stehe ich zum Gesprächspartner? • Wie schätze ich unsere Beziehung ein? • Was halte ich vom Gesprächspartner, was hält er wohl von mir? • Welche Rolle nehme ich in diesem Gespräch ein? • Gibt es möglicherweise einen Rollenkonflikt (z. B. als Freund und als Vorgesetzter)? • Welche Interessen verfolge ich (persönlich oder in meiner Rolle)? • Wie gross ist mein Handlungsspielraum?

4.2 Gesprächsdurchführung

Wenn Sie zum Gespräch eingeladen haben, übernehmen in der Regel auch Sie die **Gesprächsleitung.** Diese Aufgabe ist anspruchsvoll, denn Sie möchten einerseits das Gesprächsziel und die verfügbare Zeit nicht aus den Augen verlieren, andererseits im Gespräch voll präsent sein und auf Ihr Gegenüber eingehen können.

Es gibt keine Garantie für das Gelingen, denn jedes Gespräch ist auf seine Art einzigartig. Im Folgenden gehen wir deshalb auf **allgemeine Aspekte** ein, die Ihnen die Gesprächsleitung erleichtern.

4.2.1 Gesprächseinstieg

Schaffen Sie von Beginn an eine **respektvolle Gesprächsatmosphäre** und stecken Sie den **Gesprächsrahmen** ab. Dazu gehören:

- Ihre persönliche **Begrüssung.**
- Machen Sie eine kurze **Vorstellrunde,** wenn sich die Teilnehmenden noch nicht kennen.
- **Danken** Sie den Teilnehmenden für ihre Anwesenheit.
- Klären Sie den Gesprächsrahmen: Geben Sie den **Anlass,** das zentrale **Thema,** den vorgesehenen **Ablauf** sowie die ungefähre **Gesprächsdauer** bekannt.
- Störungen haben Vorrang. Klären Sie deshalb die persönliche **Gesprächsbereitschaft** der Teilnehmenden, ihre zeitliche **Verfügbarkeit** und allenfalls noch **zu ergänzende Punkte.**
- Bei heiklen Gesprächen klären Sie die **Spielregeln,** an die sich alle halten sollten.

4.2.2 Gesprächsführung

Das Ziel eines Gesprächs ist, dass ein **Dialog** entsteht. Alle sollen Gelegenheit bekommen, das zu sagen, was sie sagen möchten. Achten Sie darauf, dass die Einzelnen ungefähr **gleich viel Redezeit** beanspruchen dürfen.

Auf der Sachebene dreht sich das Gespräch um die folgenden vier Elemente: Standpunkte klären, Hintergründe beleuchten, Entscheidungen fällen und Vereinbarungen treffen.

Abb. [4-4]   Vier Elemente der Gesprächsführung

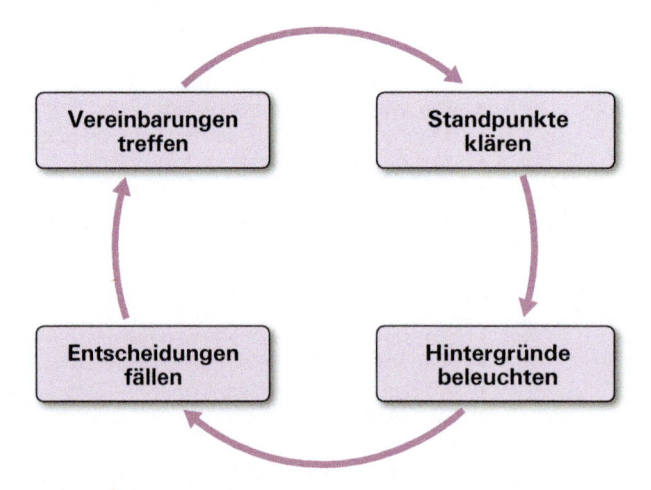

Standpunkte klären bedeutet, dass Sie gleich zum springenden Punkt kommen und das Schwierige und / oder das Wichtige ansprechen.

Damit ist «die Katze aus dem Sack» und man kann sich gemeinsam daranmachen, die **Hintergründe** zu beleuchten: Welche gleichen oder unterschiedlichen Interessen verfolgen wir? Was ist wem besonders wichtig und bestimmt seinen Standpunkt?

Hören Sie aufmerksam zu und fragen Sie nach, wenn Sie etwas nicht verstehen. Je mehr Sie über die Hintergründe erfahren, desto einfacher ist es nachher, **einvernehmliche Lösungsvorschläge** für ein Problem oder wirksame Massnahmen zu finden. Diskutieren Sie alle Vorschläge und wägen Sie diese gegeneinander ab, bevor Sie schliesslich gemeinsam eine **Entscheidung** fällen.

Lassen Sie es nicht bei der Entscheidung bewenden. Treffen Sie **Vereinbarungen** über das weitere Vorgehen und die Verantwortlichkeiten. Dabei hilft die Leitfrage: Was muss wer wann warum wie und womit tun? Halten Sie diese Vereinbarungen auch schriftlich fest.

Diese vier Elemente eines Gesprächs sind bewusst als Kreislauf dargestellt. Unter Umständen müssen Sie nämlich im Gesprächsverlauf einen oder zwei Schritte zurückgehen: Bei der Entscheidungsfindung kommen Sie möglicherweise nicht voran, weil einzelne Standpunkte oder deren Hintergründe nicht ausreichend geklärt sind. Mögliche Vereinbarungen scheitern an Entscheidungsgrundlagen, die noch nicht befriedigend ausdiskutiert wurden.

Vergegenwärtigen Sie sich im Gesprächsverlauf immer wieder auf der Metaebene, was Sie sich auch bei der eigenen, inneren Vorbereitung gefragt haben:

- Nehme ich meine Rolle bewusst ein und bleibe ihr treu?
- Verfolge ich die Zielsetzung und schweife nicht vom eigentlichen Thema ab?
- Bin ich zufrieden mit dem bisher Erreichten oder habe ich etwas anderes erwartet?
- Bleibe ich aufmerksam und offen?
- Verhalte ich mich fair und konstruktiv?

4.2.3 Gesprächsabschluss

Runden Sie das Gespräch ab, indem Sie die allfällig noch offenen Punkte aufgreifen oder persönliche Befindlichkeiten auffangen und wenn möglich sofort klären.

Als Ausblick in die Zukunft fassen Sie nun die Beschlüsse und das vereinbarte Vorgehen zusammen. Legen Sie die Massnahmen, Verantwortlichkeiten und Termine verbindlich fest, falls dies nicht schon vorher geschehen ist. Sprechen Sie die Erwartungen an die Umsetzung der Beschlüsse und mögliche Konsequenzen nochmals an.

Die folgenden Leitfragen helfen beim Gesprächsabschluss:

- Was ist dem Gespräch noch anzufügen? Welche Fragen sind noch offen?
- Sind die Abmachungen allseits klar und gelten sie für alle als verbindlich?
- Welche nächsten Schritte nehmen wir uns vor?
- Welche weiteren Termine setzen wir uns für das Überprüfen der vereinbarten Ziele und, falls nötig, für weitere Besprechungen?
- Wie gut haben wir die Gesprächsziele erreicht?
- Wie zufrieden sind wir mit dem Gesprächsergebnis?
- Wie geht es mir jetzt?

Zum Abschluss bietet sich auch die Gelegenheit zur Metakommunikation, d.h., ein «Gespräch über das Gespräch» zu führen und dessen Verlauf gemeinsam zu reflektieren.

Bedanken Sie sich bei den Teilnehmenden für das Gespräch und verabschieden Sie sie.

4.3 Gesprächsnachbearbeitung

Rufen Sie sich das Gespräch nochmals in Erinnerung. Treffen Sie die nötigen Vorkehrungen und halten Sie die Gesprächsergebnisse so fest, dass Sie sie später überprüfen können. Nehmen Sie sich auch Zeit, Ihre Rolle und Ihre Vorgehensweise bei der Gesprächsführung zu reflektieren.

4.3.1 Gesprächsauswertung

Worte ohne Taten bewirken meist nicht viel. Schaffen Sie klare Verhältnisse, setzen Sie das Besprochene konsequent um und machen Sie die Beschlüsse fass- und messbar:

- Entscheidungen wie besprochen umsetzen.
- Definierte Massnahmen einleiten.
- Einhaltung der Vereinbarungen kontrollieren.
- Falls vereinbart, Folgetermin für nächstes Gespräch planen.

4.3.2 Gesprächsnotiz

Es empfiehlt sich, die Gesprächsergebnisse **schriftlich festzuhalten.** Gesprächsnotizen helfen Ihnen, den Gesprächsinhalt in einem späteren Zeitpunkt wieder abrufen zu können.

Abb. [4-5] Inhalt einer Gesprächsnotiz

Festzuhalten	Im Detail
Allgemeines	• Gesprächsdatum und -ort • Gesprächsleitung und -teilnehmende
Ausgangslage	• Anlass, Grund für das Gespräch • Kurze Zusammenfassung der Vorgeschichte • Ziel des Gesprächs
Gesprächsinhalt / Beschlüsse	• Kurze, stichwortartige Zusammenfassung des Gesprächs • Welche Massnahmen wurden vereinbart? • Welches Vorgehen wurde beschlossen? • Welche Termine / Fristen müssen eingehalten werden? • Welches sind die Konsequenzen, wenn die Massnahmen bzw. die Vereinbarungen nicht eingehalten werden?
Formelles	• Verteiler: je nach Anlass für das Gespräch und nach Absprache an alle Betroffenen und an weitere Stellen (z. B. an Personalverantwortliche) • Unterschrift des Gesprächsleiters, falls erforderlich; Abmahnung (Verwarnung) und Kündigung von den Betroffenen bestätigen und unterzeichnen lassen

Einige Informationen müssen Sie in der Gesprächsnotiz nicht bekannt geben, die Sie auch an andere weiterreichen. Vermerken Sie diese aber für sich persönlich:

- Wer kontrolliert wann welche Vereinbarungen?
- Organisation der besprochenen Fristen bzw. Meilensteine
- Müssen noch weitere, andere Personen informiert werden?
- Weitere Bemerkungen

Hinweis Wurden weitere rechtliche Schritte (z. B. eine Abmahnung mit Kündigungsandrohung) im Führungsgespräch thematisiert, müssen die Gesprächsergebnisse aus arbeitsrechtlichen Gründen schriftlich festgehalten werden.

4.3.3 Selbstreflexion

Gehen Sie nach einem wichtigen oder schwierigen Gespräch in sich und reflektieren Sie in einem **inneren Dialog,** wie das Gespräch verlaufen ist, welche Wendungen es warum genommen hat, welche Rolle Sie eingenommen haben, was Sie in der Gesprächsleitung gut gemacht haben und womit Sie nicht zufrieden sind, wie Sie nun zum Gesprächspartner stehen.

Dank der Selbstreflexion können Sie wichtige **Erkenntnisse** für weitere Gespräche gewinnen und Ihre Gesprächsleitungskompetenz gezielt weiterentwickeln.

4.4 Leitfaden für das Führungsgespräch

Der Leitfaden in Abb. 4-6 fasst die wichtigsten Merkpunkte für die Ausgestaltung eines Führungsgesprächs zusammen.

Abb. [4-6] Leitfaden für das Führungsgespräch

Ablauf	Merkpunkte für das Gespräch
Vorbereitung	• Gesprächsrahmen organisieren: Termin, Raum, Sitzordnung und Unterlagen. • Gesprächsziele und eigene Bedürfnisse an das Gespräch definieren. • Eigene Rolle und eigene Interessen erkennen. • Eigene Haltung zum Gesprächsthema klären. • Beziehung zum Gesprächspartner ergründen. • Argumentation und mögliche Reaktionen des Gesprächspartners gedanklich durchspielen. • Handlungsspielraum abstecken.
Gesprächseinstieg	• Freundliche Begrüssung, Dank für Gesprächsbereitschaft und Zeit. • Gesprächsrahmen klären: Teilnehmende, Anlass, Thema, Ablauf und Dauer. • Eventuell Spielregeln für das Gespräch vereinbaren.

Gesprächsführung	• **Standpunkte klären:**
	  – Sogleich zur Sache kommen: Schwieriges / Wichtiges offen ansprechen.
	  – Standpunkt des Gesprächspartners akzeptieren.
	• **Hintergründe beleuchten:**
	  – Gemeinsame und unterschiedliche Interessen klären.
	  – Handlungsspielraum für Lösungen abstecken.
	• **Entscheidungen fällen:**
	  – Lösungsvarianten besprechen, gegeneinander abwägen.
	  – Sich gemeinsam auf eine Lösung einigen.
	  – Objektive, realistische und praktikable Lösungen bevorzugen.
	• **Vereinbarungen treffen:**
	  – Weiteres Vorgehen vereinbaren.
	  – Massnahmen als Aufträge definieren.
	  – Ergebnisse zusammenfassen.

Gesprächsabschluss	• Offene Punkte klären. • Ausblick: Beschlüsse und weiteres Vorgehen zusammenfassen. • Eventuell den Gesprächsverlauf gemeinsam reflektieren (Metakommunikation). • Persönliche Verabschiedung und Dank für Offenheit.
Nachbearbeitung	• Vereinbarungen (Ergebnisse, Massnahmen, Vorgehen) schriftlich festhalten. • Massnahmen einleiten, Vereinbarungen kontrollieren. • Selbstreflexion über Gesprächsführung und -verlauf.

Zusammenfassung

Führungsgespräche unterscheiden sich durch

- die **Art** des Gesprächs (z. B. ein Feedback- oder ein Verhandlungsgespräch),
- den **Teilnehmerkreis** (Team- oder Einzelgespräch).

Für den Gesprächserfolg ist es wichtig, sich auf das jeweilige Gespräch einzustellen, sich das Gesprächsziel vor Augen zu führen und den Gesprächsverlauf zu strukturieren.

Ein Gespräch verläuft in drei **Phasen:**

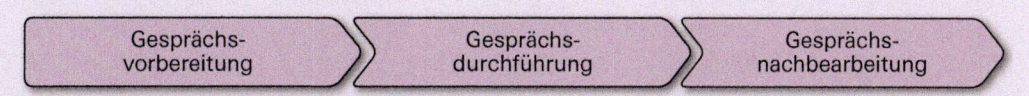

Gesprächsvorbereitung → Gesprächsdurchführung → Gesprächsnachbearbeitung

- In der **Gesprächsvorbereitung** wird der organisatorische Rahmen bestimmt (Teilnehmerkreis, Termin, Raum, Sitzordnung) und es erfolgt die eigene, innere Vorbereitung.
- Die **Gesprächsdurchführung** gliedert sich in den Gesprächseinstieg, die Gesprächsführung und den Gesprächsabschluss.
- Die **Gesprächsnachbearbeitung** besteht aus der Gesprächsauswertung, der Gesprächsnotiz und der Selbstreflexion.

Die vier Elemente der Gesprächsführung sind:

1. **Standpunkte klären:** Schwieriges / Wichtiges offen ansprechen, andere Standpunkte akzeptieren.
2. **Hintergründe beleuchten:** Gemeinsame und unterschiedliche Interessen klären, Handlungsspielraum für Lösungen abstecken.
3. **Entscheidungen fällen:** Lösungsvarianten besprechen, gegeneinander abwägen, sich gemeinsam auf eine Lösung einigen, objektive, realistische und praktikable Lösungen bevorzugen.
4. **Vereinbarungen treffen:** Weiteres Vorgehen vereinbaren, Massnahmen als Aufträge definieren, Ergebnisse zusammenfassen.

Repetitionsfragen

14 Beantworten Sie die folgenden Fragen eines Kollegen, der noch wenig geübt in der Gesprächsleitung ist.

A] «Was sollte ich bei der Wahl der Sitzordnung beachten?»

B] «Weshalb braucht es nebst der organisatorischen auch die persönliche Gesprächsvorbereitung?»

C] «Was sind Ihrer Meinung nach die Vor- und Nachteile, wenn ein Gespräch mit einem einleitenden ‹Small Talk› erst einmal aufgelockert wird?»

D] «Warum ist es wichtig, das Schwierige in einem Gespräch, wenn immer möglich, vorneweg anzusprechen?»

15 Nennen Sie mindestens drei Argumente für eine sorgfältige Gesprächsnachbearbeitung.

Praxisaufgaben

1 **Reflexion eines Führungsgesprächs**

Bestimmt haben Sie schon viele positive Erfahrungen in der Gesprächsführung gemacht. Vielleicht gab es jedoch auch schwierige Gespräche, die an einem bestimmten Punkt einen negativen Verlauf nahmen.

Analysieren Sie den Wendepunkt eines Gesprächs, das Sie kürzlich geführt haben oder Ihnen besonders gut in Erinnerung geblieben ist, indem Sie die folgenden Punkte schriftlich festhalten:

- Beschreiben Sie kurz die Gesprächssituation, die Gesprächspartner und das Thema.
- Was löste die negative Wendung aus? Schildern Sie diese Situation möglichst genau.
- Wie sind Sie mit dieser Wendung umgegangen? Welches Vorgehen haben Sie gewählt, um das Gespräch wieder in die «richtigen» Bahnen zu lenken?
- Was konnten Sie mit Ihrem Vorgehen erreichen, wie hat es sich auf den weiteren Gesprächsverlauf ausgewirkt?

5 Feedbackgespräch

Lernziele	Nach der Bearbeitung dieses Kapitels können Sie …
	• die Feedbackregeln korrekt anwenden.
	• die vier Elemente des Kurz-Feedbacks nennen.
	• das Modell des Johari-Fensters erklären.
Schlüsselbegriffe	Beobachtungen, blinder Fleck, Empfehlungen, Feedbackregeln, Gesamt-Rückmeldung, Johari-Fenster, Kurz-Feedback, öffentliche Person, Privatperson, Unbewusstes

Eigentlich ist Kommunikation ein fortlaufender **Austausch von Rückmeldungen.** Sage ich etwas zu meinem Gesprächspartner, so antwortet er darauf in irgendeiner Form, verbal (in Worten) und nonverbal (mit seiner Gestik oder Mimik). Worauf ich wiederum reagiere und daraufhin er … Die englische Bezeichnung für Rückmeldungen, das Feedback, drückt dieses Geben und Nehmen treffend aus.

Mit jeder Reaktion erfahre ich etwas über die Haltung meines Gegenübers und gleichzeitig, was mein Verhalten bei ihm bewirkt. Das Feedback zeigt mir ein Bild von aussen, ähnlich einem Spiegelbild.

Folglich ergeben sich die Feedbacks ganz automatisch in jedem Kommunikationsprozess. In Führungsgesprächen wird diese Möglichkeit zum Feedback **bewusst eingesetzt,** d. h., der Rückmeldeprozess wird als **Führungsmittel** genutzt.

5.1 Kurz-Feedbacks geben

Das Feedback ist ein **unerlässliches Führungsinstrument,** weil es

- positive Leistungen und Verhaltensweisen durch die Anerkennung verstärkt,
- negative Leistungen und Verhaltensweisen durch die Kritik korrigiert und einen Lern- und Entwicklungsprozess auslöst,
- das Verständnis und die Toleranz in Arbeitsbeziehungen verbessert,
- Missverständnisse verhindert und
- die konstruktive Zusammenarbeit fördert.

Das Kurz-Feedback bezieht sich auf das **Arbeitsverhalten** und unterliegt einer **kurzfristigen Betrachtung.** Daher ist es wichtig, solche Kurz-Feedbacks möglichst aus aktuellem Anlass zu geben.

Ein Kurz-Feedback besteht aus vier Elementen: der Gesamt-Rückmeldung, den positiven und negativen Beobachtungen und den Empfehlungen.

Abb. [5-1]　**Vier Elemente des Kurz-Feedbacks**

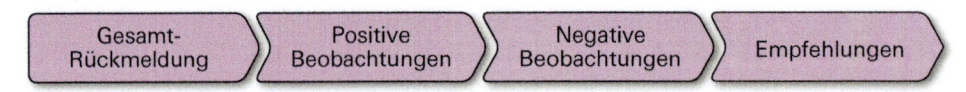

Gesamt-Rückmeldung → Positive Beobachtungen → Negative Beobachtungen → Empfehlungen

Bauen Sie Ihre Kurz-Feedbacks immer auf diesen vier Elementen auf:

In der **Gesamt-Rückmeldung** würdigen Sie zunächst die **Gesamtleistung** oder die Gesamtsituation. Die feedbackempfangende Person weiss somit, woran sie ist, und angespannte Situationen werden entschärft.

Beispiel　Mögliche Formulierungen:

«Insgesamt finde ich deine Leistung / dein Verhalten … hervorragend / sehr gut / überdurchschnittlich / gut / ziemlich gut / passabel / unbefriedigend / nicht vollumfänglich überzeugend …»

In einem zweiten und einem dritten Schritt vermitteln Sie Ihre **positiven und negativen Beobachtungen.** Beginnen Sie immer mit der positiven Rückmeldung und anerkennen Sie das Gute, bevor Sie Ihr Gegenüber mit dem Kritischen konfrontieren.

Beispiel　Mögliche Formulierungen:

- **Das Gute anerkennen:** «Besonders gefallen hat mir / sehr gelungen fand ich / gefreut hat mich …, wie du bei der Konkurrenzanalyse systematisch vorgegangen bist. Ich finde, du hast so eine klare Struktur ins Projekt eingebracht.»
- **Mit dem Kritischen konfrontieren:** «Nicht gefallen hat mir / weniger gelungen fand ich / geärgert hat mich …, wie passiv du dich während der Projektsitzung verhalten hast. Ich habe das Gefühl, dass du dich zu wenig an den Diskussionen beteiligt hast, sodass die Sitzung zäher verlief als nötig …»

Im letzten Schritt folgen Ihre **Empfehlungen** für die Zukunft. Dabei handelt es sich um **Wünsche, Hinweise oder Anregungen** zu künftigen Leistungen oder künftigem Verhalten, zu nächsten Schritten oder möglichen Verbesserungsansätzen. Achten Sie darauf, dass Sie die Rolle eines unterstützenden Coachs übernehmen, nicht die eines «alles besser wissenden» Ratgebers.

Beispiel　Mögliche Formulierungen:

«Ich empfehle dir / ich schlage dir vor / ich wünsche mir in Zukunft von dir …, dass du das Projektteam in künftigen Sitzungen stärker unterstützt und dich in den Diskussionen mehr engagierst.»

5.2　Feedbackregeln anwenden

Das Feedback ist ein besonderes Geschenk an das Gegenüber. Es drückt Anerkennung aus. Eine positive Rückmeldung stärkt das Selbstvertrauen und motiviert. Aber auch eine kritische Rückmeldung ist hilfreich, wenn die nachfolgend beschriebenen Grundregeln eingehalten werden.

5.2.1　Feedback geben

Achten Sie als feedbackgebende Person darauf, dass Ihre Feedbacks konstruktiv, zeitnah, subjektiv und fair sind.

Abb. [5-2]   Vier Regeln für das Feedbackgeben

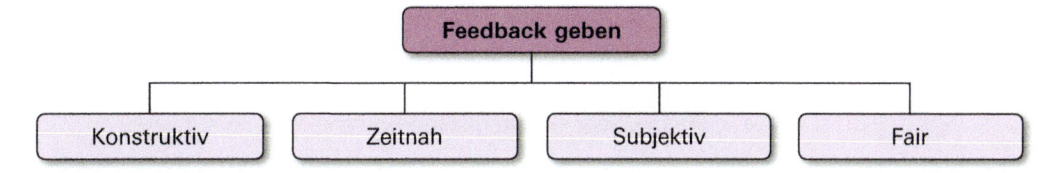

```
                    Feedback geben
       ┌─────────────┬──────────────┬──────────┐
   Konstruktiv    Zeitnah       Subjektiv    Fair
```

A] Konstruktiv

Mit dem Feedback geben Sie Ihrem Gegenüber die Gelegenheit, eine Aussensicht anzunehmen. Das ist nur dann möglich, wenn es **respektvoll** geschieht. Achten Sie darauf, dass Ihre Rückmeldung für die empfangende Person **offen, klar** und damit auch **nachvollziehbar** ist.

Drücken Sie Anerkennung oder Kritik immer sachbezogen aus: Berufen Sie sich auf **konkrete Beobachtungen** und auf **tatsächliche Ergebnisse**. Vermeiden Sie einseitige Bewertungen und / oder pauschale Beurteilungen in Form von Mutmassungen oder Verallgemeinerungen.

Senden Sie eine vollständige **Ich-Botschaft**:

- Was habe ich **konkret beobachtet?**
- Welche **Gefühle** hat die Beobachtung bei mir ausgelöst?
- Wie interpretiere ich meine Beobachtung; welche **Auswirkungen** hat sie auf mich?

Beispiel «Als ich dir vorhin von meinen negativen Erlebnissen an der Sitzung erzählte, hatte ich den Eindruck, von dir belächelt zu werden. Ich fühle mich dadurch von dir nicht ernst genommen und verunsichert.»

B] Zeitnah

Spontane Feedbacks wirken **echt** und **direkt**. Dies gilt sowohl für ein Lob als auch für eine Kritik. Lassen Sie darum nicht zu viel Zeit zwischen der betreffenden Situation und Ihrer Rückmeldung verstreichen, sondern teilen Sie Ihre Beobachtungen möglichst unmittelbar mit.

Mit **verzögerten Rückmeldungen** laufen Sie Gefahr, dass diese **unverhältnismässig** wirken und für die empfangende Person **nicht mehr nachvollziehbar** sind, weil der Zusammenhang fehlt:

- Ihr Lob kommt als übertrieben oder als «billige» Floskel an.
- Ihre Kritik wird zum «Rundumschlag», da Sie möglicherweise unterschiedliche Eindrücke zu einem verzerrten Gesamtbild zusammenfassen.

Beispiel Im Feedbackgespräch mit der Mitarbeiterin zählt der Vorgesetzte eine Reihe von Versäumnissen auf, die er in den letzten Wochen beobachtet hat. Sein Feedback schliesst er mit den Worten: «Gesamthaft bin ich mit Ihrer Leistung jedoch zufrieden!» – Die Mitarbeiterin kann sich an einzelne Begebenheiten nicht mehr so genau erinnern und empfindet die Rückmeldung als unfair und kleinlich. Sie weiss nicht, was sie damit nun anfangen soll. Erst recht nicht, wie sie die abschliessende positive Bemerkung des Vorgesetzten einordnen soll: Ist er nun zufrieden oder nicht?

C] Subjektiv

«Wo gehobelt wird, da fliegen Späne», heisst es in einem Sprichwort. Niemand ist unfehlbar. Seien Sie sich beim Feedbackgeben stets bewusst, dass Ihre Beobachtungen auf Ihrer persönlichen und somit auch subjektiven, eigenen **Wahrnehmung** beruhen. Eine andere Person könnte dieselbe Situation möglicherweise anders als Sie einschätzen. Mit **Ich-Botschaften** drücken Sie diese subjektive Sichtweise am besten aus.

D] Fair

Senden Sie ein Feedback so, wie Sie es selbst gerne entgegennehmen und am ehesten akzeptieren. Fairness bedeutet «anständig» und drückt eine **ehrliche, aufrichtige Haltung** gegenüber einer anderen Person aus. Achten Sie deshalb auf ein **ausgewogenes Verhältnis** zwischen positiven und negativen Botschaften und auf einen angemessenen Ton.

Überlegen Sie sich gut, wann und wie Sie das Feedback geben wollen. Dazu gehört unter anderem, dass Sie eine **kritische Rückmeldung** an eine einzelne Person **«unter vier Augen»** machen, um sie vor den anderen nicht blosszustellen und zu einer Rechtfertigung zu zwingen.

5.2.2 Feedback empfangen

Manche Führungspersonen bedauern, dass sie von ihren Mitarbeitenden viel zu wenig Feedbacks erhalten, besonders auch kritische. Mit einem **konstruktiven und fairen Verhalten** tragen Sie massgeblich dazu bei, dass Ihnen das Gegenüber ein **aufrichtiges Feedback** gibt. Achten Sie darauf, dass Sie sich nicht rechtfertigen, dass Sie aktiv zuhören, bei Unklarheiten nachfragen, und behalten Sie sich vor, Ihre eigenen Schlüsse aus dem Feedback zu ziehen.

Abb. [5-3] Vier Regeln für das Feedbackempfangen

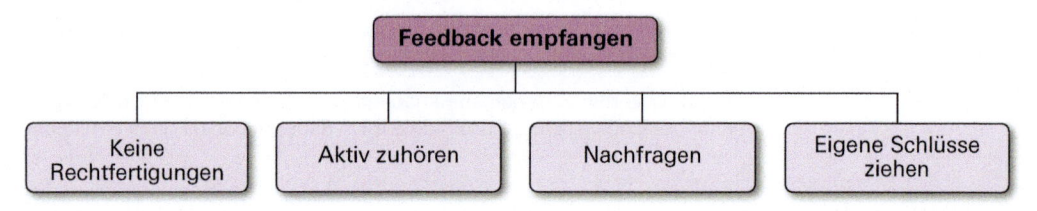

```
                        Feedback empfangen
    ┌──────────────┬──────────────┬──────────────┐
Keine            Aktiv          Nachfragen    Eigene Schlüsse
Rechtfertigungen zuhören                      ziehen
```

A] Keine Rechtfertigungen

Die feedbackgebende Person gibt Ihnen ihre Sichtweise bekannt. Setzen Sie Ihre **volle Aufmerksamkeit** dafür ein, was sie Ihnen sagen möchte, und nehmen Sie dies möglichst **wertfrei** zur Kenntnis.

Verzichten Sie möglichst auf Rechtfertigungen, Verteidigungen oder Kommentare zum Feedback. Wenn Sie anderer Ansicht sind, behalten Sie dies momentan für sich. Erlauben Sie sich später, das Feedback gründlich zu überdenken.

B] Aktiv zuhören

Jede Rückmeldung von aussen gibt Ihnen die Gelegenheit, **mehr über sich selbst zu erfahren.** Hören Sie darum aufmerksam und unvoreingenommen zu. Wenn Sie bei einer kritischen Rückmeldung innerlich bereits zum Gegenschlag ausholen, ist Ihre Aufmerksamkeit geteilt.

C] Nachfragen, wenn Ihnen etwas unklar ist

Um einen möglichst grossen Gewinn aus dem Feedback zu ziehen, müssen Sie das Gesagte **nachvollziehen** können. Fragen Sie deshalb bei **Unklarheiten** besser nach oder bitten Sie die feedbackgebende Person um ein **konkretes Beispiel** zu ihrer Wahrnehmung der betreffenden Situation oder von deren Auswirkungen.

Beispiel «Auf dich wirke ich an Sitzungen jeweils sehr gestresst. Wie hat sich dies geäussert, hast du bestimmte Verhaltensmuster von mir wahrgenommen? Solche Beobachtungen würden mir helfen, deine Rückmeldung klarer einzuordnen und auf meine Stressanzeichen künftig besser zu achten.»

D] Eigene Schlüsse ziehen

Ein Feedback **verstanden** zu haben, heisst nicht, dass Sie damit auch **einverstanden** sein müssen. Sie erhalten aufgrund solcher Beobachtungen hilfreiche und wichtige Hinweise, wie andere Sie sehen. Selbstverständlich dürfen Sie solche Feedbacks kritisch hinterfragen und Ihre eigenen Schlüsse daraus ziehen.

5.3 Selbstkenntnis durch Feedback

Die meisten Kommunikationsschwierigkeiten entstehen nicht, weil wir eine sachliche Mitteilung falsch verstehen. Vielmehr nehmen wir eine Situation immer auf unsere Weise wahr und interpretieren folglich auch Mitteilungen aufgrund unserer eigenen Erfahrungen, Werte und Einstellungen. Dies führt zu unterschiedlichen **subjektiven Wirklichkeiten.**

Die Bedeutung des Feedbacks zeigt das **Johari-Fenster** anschaulich auf. «Johari» kombiniert die Namen der Urheber: Joe Luft und Harry Ingham von der University of California stellten es 1955 als ein einfaches, grafisches Modell für die **Selbst-** und die **Fremdwahrnehmung** einer Person (oder auch einer Gruppe) vor. Die Selbstwahrnehmung drückt meine Sicht auf mich selbst aus, die Fremdwahrnehmung die Sicht der anderen auf mich. Diese beiden Sichtweisen werden jeweils in die Bereiche «**bekannt**» und «**unbekannt**» unterteilt.

Daraus resultieren vier Quadranten:

- **Quadrant A:** Die **öffentliche Person** ist der Teil meiner Persönlichkeit, der sowohl mir als auch anderen bekannt ist und den ich offen und frei zeige.
- **Quadrant B:** Der **blinde Fleck** der Selbstwahrnehmung ist der Teil des Verhaltens, der für andere sichtbar und erkennbar ist, mir selbst hingegen nicht bewusst ist. Das sind beispielsweise Gewohnheiten, Vorurteile, Körpergesten oder meine Reaktionsweisen in bestimmten Situationen.
- **Quadrant C:** Die **Privatperson** ist mir selbst bekannt und bewusst. Dritte haben jedoch keinen Einblick, und so bleibt dieser Teil meiner Persönlichkeit anderen verborgen. Dazu gehören Gedanken und Verhaltensweisen, die ich anderen nicht gerne mitteile, weil sie zu meinen empfindlichen Stellen gehören.
- **Quadrant D:** Der als **Unbewusstes** bezeichnete Bereich liegt dem Bewusstsein zugrunde, ist aber nicht direkt erfassbar und demzufolge sowohl mir als auch anderen unbekannt.

Abb. [5-4]   Johari-Fenster

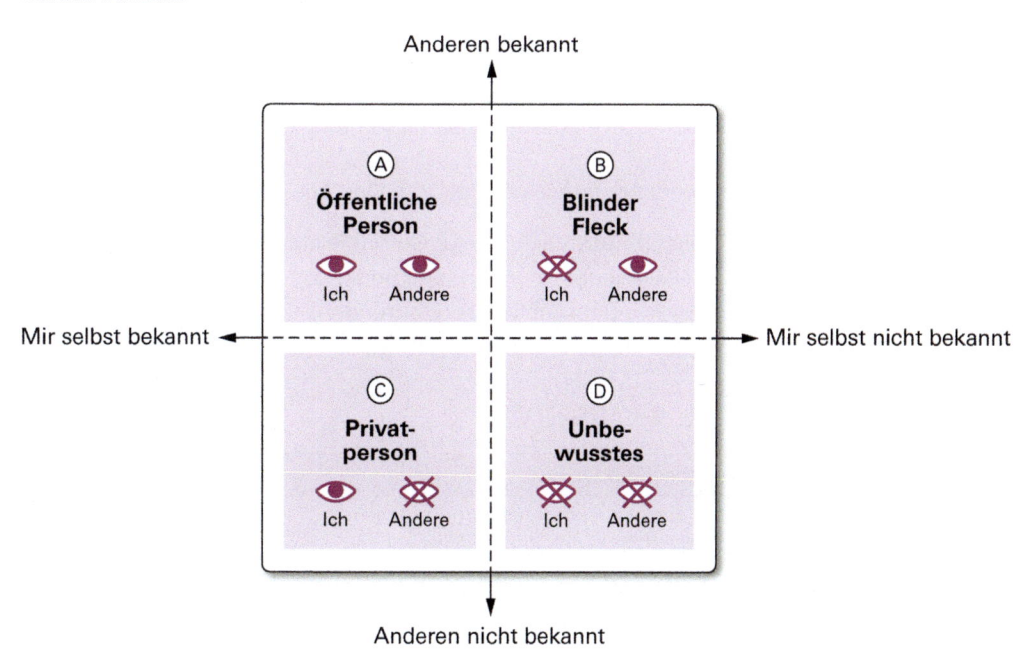

Durch Feedbacks geben wir mehr von uns selbst preis und öffnen uns. Andererseits ermöglichen uns Feedbacks von anderen Personen, mehr über uns selbst zu erfahren und uns zu öffnen. Der Bereich der öffentlichen Person vergrössert sich gegenüber dem blinden Fleck.

Auch die Beziehung zwischen der Führungsperson und den Mitarbeitenden wird einfacher und die Zusammenarbeit effizienter, wenn die **öffentliche Person** (Quadrant A), **möglichst gross** ist, weil man mehr übereinander weiss, dadurch einander besser akzeptieren und sich selbst gezielt weiterentwickeln kann. Denn nur was ich erkenne, kann ich auch verändern.

Abb. 5-5 stellt die Auswirkungen des vergrösserten Bereichs der öffentlichen Person schematisch dar.

Abb. [5-5]   Vergrösserung des Quadranten A des Johari-Fensters

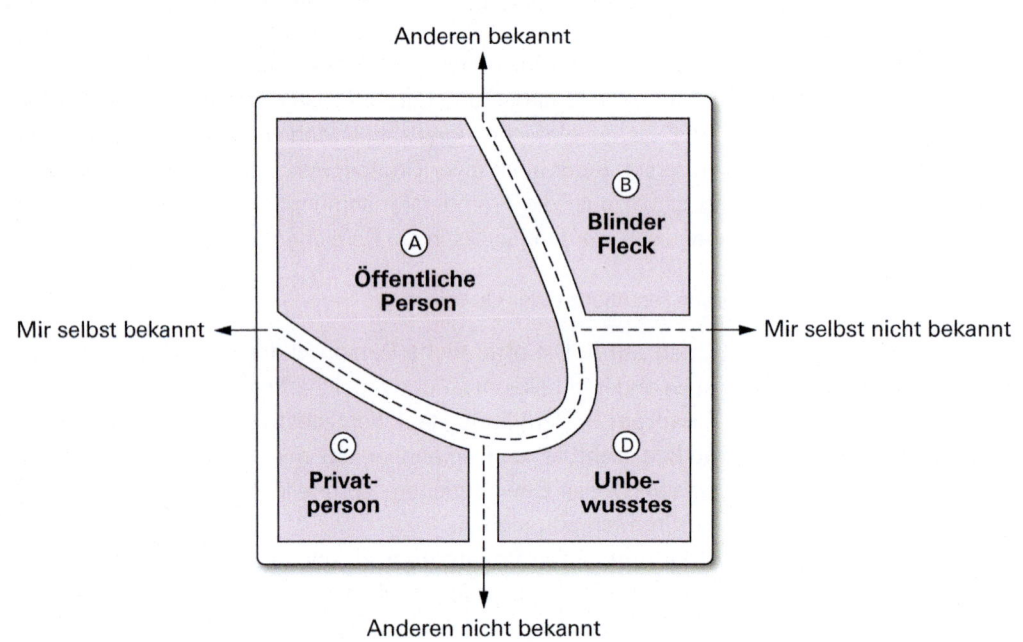

Zusammenfassung

Als **Führungsinstrument** eingesetzt, bringen Feedbacks den folgenden Nutzen:

- Positive Leistungen und Verhaltensweisen verstärken.
- Negative Leistungen und Verhaltensweisen korrigieren.
- Verständnis und Toleranz verbessern.
- Missverständnisse verhindern.
- Konstruktive Zusammenarbeit fördern.

Das Feedback auf das Arbeitsverhalten besteht aus **vier Elementen:**

1. Gesamt-Rückmeldung (zur Gesamtleistung oder zur Gesamtsituation)
2. Positive Beobachtungen (begründen)
3. Negative Beobachtungen (begründen)
4. Empfehlungen (Wünsche, Hinweise, Anregungen)

Als **Feedbackregeln** gelten:

Feedback geben	Feedback empfangen
• Konstruktiv (Ich-Botschaften) • Zeitnah (erkennbarer Zusammenhang) • Subjektiv (niemand ist unfehlbar) • Fair (ausgewogen)	• Keine Rechtfertigungen • Aktiv zuhören • Nachfragen bei Unklarheiten • Eigene Schlüsse ziehen

Das **Johari-Fenster** zeigt modellhaft auf, wie durch Feedbacks zur Fremdwahrnehmung die Selbstwahrnehmung verbessert werden kann und zur Persönlichkeitsentwicklung beiträgt:

- Quadrant **A: öffentliche Person** als der mir selbst und anderen bekannte Bereich, den ich dank Feedbacks auch vergrössern kann
- Quadrant **B: blinder Fleck** der Selbstwahrnehmung, der anderen bekannt, mir selbst aber unbekannt ist
- Quadrant **C: Privatperson** als der mir selbst bekannte, anderen aber unbekannte Bereich
- Quadrant **D: Unbewusstes** als mir selbst und anderen unbekannter Bereich

Repetitionsfragen

16 Begründen Sie in Stichworten, weshalb die folgenden Rückmeldungen nicht korrekt sind.

A] «Das ist typisch, immer reden Sie sich heraus! Sie können nie einen Fehler zugeben …»

B] «Ich verstehe deine Unsicherheit sehr gut und weiss, was es heisst, ins kalte Wasser zu springen. Nun, manchmal muss man da einfach durch …»

17 Welchem Quadranten des Johari-Fensters ordnen Sie die folgenden Reaktionen auf ein Feedback zu?

A] «Ach ja? Ich bin mir dessen überhaupt nicht bewusst gewesen …»

B] «Wie gut du mich mittlerweile kennst! Ich bin dir für deine Unterstützung in dieser heiklen Führungssituation sehr dankbar. Ohne dich wäre ich voll ins Fettnäpfchen getreten!»

18 Beurteilen Sie das folgende Kurz-Feedback auf seine Vollständigkeit: Sind alle vier Elemente korrekt wiedergegeben?

«Danke sehr für dein Grobkonzept zur internen Kommunikation! Ich finde, du hast damit eine sehr gute und systematische Grundlage für die Weiterarbeit entwickelt. Besonders gefallen haben mir deine neuartigen Lösungsansätze für eine effizientere Kommunikation. Einzig bei der Bedürfnisanalyse habe ich etwas einzuwenden: Meines Erachtens hast du darin noch nicht alle relevanten Interessengruppen berücksichtigt, wie z. B. das Personal- und Finanzmanagement. Ich empfehle dir darum, die Bedürfnisanalyse nochmals kritisch zu prüfen und zu vervollständigen …»

Praxisaufgaben

1 **Kurz-Feedback geben**

Mit Kurz-Feedbacks motivieren und fördern Sie Ihre Mitarbeitenden oder Sie können Fehlleistungen oder Fehlverhalten korrigieren. Wichtig dabei ist, dass Sie die Regeln einhalten und das Feedback vollständig geben. – Bereiten Sie deshalb ein nächstes Kurz-Feedback, das Sie geben wollen, detailliert vor und halten Sie diese Vorbereitung schriftlich fest.

Formulieren Sie alle vier Schritte des Kurz-Feedbacks vollständig aus:

- Gesamt-Rückmeldung
- Positive Beobachtungen
- Negative Beobachtungen
- Ihre Empfehlungen

6 Verhandlungsgespräch

Lernziele	Nach der Bearbeitung dieses Kapitels können Sie ... • erklären, was eine Win-win-Haltung in der Verhandlung bedeutet. • die vier grundlegenden Aspekte des Harvard-Konzepts beschreiben.
Schlüsselbegriffe	Brainstorming, Harvard-Konzept, Interessen, Interessenausgleich, Leitfaden Verhandlungsgespräch, O. k.-Haltung, Positionen, Win-win-Situation, Zielkonflikt

Woran denken Sie, wenn Sie das Wort «Verhandeln» hören? An schwierige Lohngespräche mit Mitarbeitenden oder Vorgesetzten? An das Feilschen um den Preis vor einem Kaufabschluss? An das zähe Ringen um Vertragsbestimmungen? An die Suche nach Kompromissen, weil unterschiedliche Standpunkte ein Vorhaben blockieren?

Für viele ist es eher belastend, sich in einer solch **angespannten Situation** behaupten zu müssen. Von einer Führungsperson wird dennoch erwartet, dass sie klare Standpunkte vertreten und zugleich einvernehmliche Lösungen finden kann, ohne dabei (Geschäfts)beziehungen zu gefährden.

Ein typischer Verhandlungsgrund sind **Interessen- und Zielkonflikte.** Die Beteiligten müssen ihre unterschiedlichen Wünsche, Absichten und Erwartungen offenlegen und bereit sein, einander entgegenzukommen.

Beispiel
- Ein wichtiger Kunde will den Preis für das Produkt massiv drücken, ohne seine Qualitätsansprüche zu senken. Die zuständige Produktmanagerin bringt einen Gegenvorschlag in die Verkaufsverhandlungen ein, weil sie den Forderungen des Kunden nicht entsprechen kann und will.
- Aufgrund der schlechten Auftragslage sieht sich die Geschäftsleitung eines Unternehmens zu einem Stellenabbau gezwungen. Die Mitarbeitenden wehren sich dagegen und drohen mit Streiks. Es braucht die gegenseitige Bereitschaft, diese Krise in einem sozial verträglichen Rahmen zu überwinden und dafür gezielte Massnahmen auszuhandeln.
- Harald beantragt einen mehrmonatigen unbezahlten Urlaub, weil er seinen Traum einer Weltreise verwirklichen will. Seine Vorgesetzte Maja würde ihm diesen Urlaub zwar gerne gewähren, doch kann sie in der entscheidenden Phase eines wichtigen Projekts keinesfalls auf Haralds Mitarbeit verzichten. Maja und Harald müssen einen Kompromiss finden, wenn sie weiterhin zusammenarbeiten wollen.

Auch innerlich spielen wir immer wieder «Verhandlungssituationen» durch, wenn wir mit einander entgegenlaufenden Interessen konfrontiert sind und uns für das eine auf Kosten des andern entscheiden müssen. Beispielsweise, ob wir noch ein paar Stunden in ein wichtiges Projekt investieren oder besser an einem spannenden Netzwerkanlass teilnehmen sollen.

Interessen- und Zielkonflikte sind vielfach auch **situations- oder funktionsbedingt,** denn die Umstände verlangen von der Führungsperson, dass sie – unabhängig von ihrer persönlichen Meinung – einen bestimmen Standpunkt gegen aussen vertritt.

Beispiel
- Situationsbedingt: Der Vorgesetzte lehnt in der Wochensitzung den Vorstoss einer Teamleiterin ab und will ihn nicht weiter diskutieren. Nach der Sitzung spricht die Teamleiterin ihn darauf an. Er antwortet ihr, dass es demnächst Veränderungen gäbe, die ihren Vorstoss verunmöglichen würden. Er dürfe dazu aber noch nichts Genaueres sagen.
- Funktionsbedingt: Die Vorgesetzte informiert ihr Team betont sachlich über die Kündigung einer Schlüsselperson im Unternehmen. Das Team würde jedoch gerne mehr über die wahren Hintergründe dieses abrupten Weggangs erfahren. Die Vorgesetzte kann diese Erwartung zwar verstehen, möchte aber keine Spekulationen nähren oder gar selbst Gerüchte in die Welt setzen.

6.1 Eigene Haltung

Vielleicht haben Sie auch schon Situationen erlebt, in denen Ihr Gegenüber stur die Meinung vertreten hat: «Entweder gehen Sie jetzt auf mein Angebot ein oder ich breche die Verhandlungen ab!» Sie geraten in eine Pattsituation: Geben Sie klein bei und stellen Ihre eigenen Interessen zurück? Oder bleiben Sie beharrlich und riskieren den Verhandlungsabbruch? Beide Optionen sind unbefriedigend.

Wer sich und **seine eigenen Ziele in den Mittelpunkt** stellt, kann im Einzelfall zwar gewinnen, wird über kurz oder lang aber scheitern. Er vertritt die negative Haltung **«Ich bin o. k. – du bist nicht o. k.»** und sieht die andere Verhandlungspartei vor allem als Gegner, den es zu besiegen gilt. Damit zerstört er die Vertrauensbasis, die es für dauerhaft tragbare Lösungen braucht.

In einer erfolgreichen Verhandlung wird ein Ergebnis **zum Nutzen aller** Verhandlungspartner angestrebt: eine für alle tragbare Lösung, bei der sich alle Verhandlungspartner als Gewinner fühlen können. Eine solche **Win-win-Situation** setzt die positive Haltung **«Ich bin o. k. – du bist o. k.»** voraus. Ohne die eigenen Interessen ausser Acht zu lassen, müssen Sie die Interessen Ihres Verhandlungspartners anerkennen und darauf eingehen.

Beispiel	**Antrag auf einen unbezahlten Urlaub**
	Harald und Maja müssen die Hauptinteressen gegenseitig anerkennen:
	• Harald kann seine Weltreise nur machen, wenn er eine mehrmonatige Auszeit nimmt.
	• Maja muss auf Haralds Mitarbeit in der entscheidenden Projektphase zählen können.
	• Harald und Maja möchten das Arbeitsverhältnis fortsetzen.

6.2 Win-win-Situationen in der Verhandlung

Verhandlungspunkte können im Wesentlichen auf drei Arten reguliert werden:

1. **Macht** anwenden: z. B. Geld, Hierarchie, Gewalt, Beziehungen
2. **Recht** oder **Regeln** durchsetzen: z. B. Rechtsinstanzen, Vorschriften, Reglemente
3. **Interessen** der Beteiligten ausgleichen

Beispiel	**Antrag auf einen unbezahlten Urlaub**
	1. Macht: Maja kann Haralds Antrag aufgrund ihrer Vorgesetztenposition ablehnen.
	2. Regeln: Maja kann sich auf die Bestimmungen im firmeninternen Mitarbeiterreglement berufen und den Antrag aufgrund des derzeitigen Arbeitsanfalls begründet ablehnen.
	3. Interessenausgleich: Maja führt mit Harald ein klärendes Gespräch, um gemeinsam eine allseits tragbare Lösung zu finden.

Lösungen, die mithilfe von **Macht** oder von **Recht** einseitig bestimmt werden, gehen von einer **Win-lose-Haltung** (Gewinner-Verlierer-Haltung) aus. Das Ergebnis wird nicht ausgehandelt, sondern «von oben» bestimmt. Dagegen kann sich auch nachträglich Widerstand regen: Die Betroffenen stehen nicht zu den Konsequenzen oder weigern sich gar, die Entscheidung umzusetzen.

Bei Lösungen, die auf einem **Interessenausgleich** basieren, stehen sich gleichberechtigte Verhandlungspartner mit der **Win-win-Haltung** (Gewinner-Gewinner-Haltung) gegenüber. Es gibt eine faire Auseinandersetzung, die auf gegenseitigem Vertrauen beruht. Aus Betroffenen werden Beteiligte: Sie helfen mit, eine Lösung zu finden, und sind bereit, deren Konsequenzen mitzutragen.

Abb. [6-1]   **Haltung in der Verhandlung und ihre Folgen**

	Macht	Vertrauen	Verbindlichkeit
Win-lose-Haltung	☑	–	–
Win-win-Haltung	–	☑	☑

Trotz dem Wunsch nach einem partnerschaftlichen Interessenausgleich und der Einsicht, dass dieser wohl am sinnvollsten wäre, geschieht vielfach das Gegenteil: Probleme werden mithilfe der Macht oder unter Berufung auf Recht oder Regeln «gelöst». Man will die Probleme möglichst schnell erledigt haben. Dabei wären partnerschaftliche Lösungen, die auf einem Interessenausgleich beruhen, meist nicht nur sinnvoller, sondern auch kostengünstiger. Nur wenn alle Beteiligten zufrieden sind, kann eine **dauerhafte Lösung ohne Folgeprobleme** erreicht werden.

Abb. [6-2]   **Ist- und Wunsch-Situation bei der Lösungsfindung**

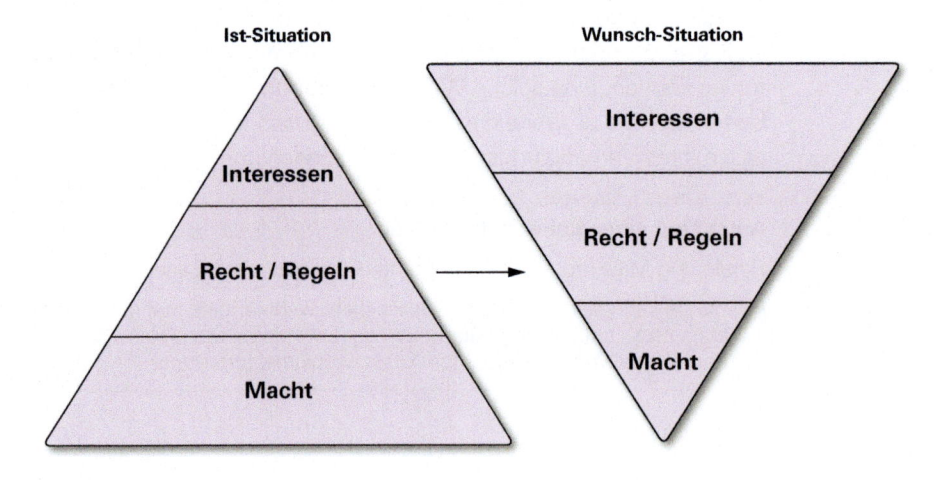

Ist-Situation (Pyramide von oben nach unten): Interessen / Recht / Regeln / Macht

→

Wunsch-Situation (umgekehrte Pyramide von oben nach unten): Interessen / Recht / Regeln / Macht

---

Beispiel   **Antrag auf einen unbezahlten Urlaub**

- Lehnt Maja den Antrag kategorisch ab, könnte Harald eine Kündigung in Betracht ziehen. Auf jeden Fall ist die Basis für eine gute Zusammenarbeit getrübt.
- Eine strenge Handhabung der Urlaubsfrage nach dem internen Reglement ist zwar konsequent und aus betrieblicher Sicht auch fair. Bei einer Ablehnung des Antrags bleibt Harald trotzdem enttäuscht und überlegt sich, wie er damit umgehen soll.
- Mit dem Gesprächsangebot signalisiert Maja, dass sie Harald als Mitarbeiter schätzt und eine allseitig dienliche Lösung finden will.

6.3 Harvard-Konzept

Auf der positiven O. k.-Haltung basiert das an der Harvard-Universität entwickelte Harvard-Konzept für das erfolgreiche, sach- und menschengerechte Verhandeln.[1] Damit ist gemeint: hart in der Sache, kulant (entgegenkommend, weich) im Umgang mit den Verhandlungspartnern.

Gemäss dem Harvard-Konzept zeichnen sich gute Verhandlungsergebnisse und somit eine konstruktive Problemlösung durch vier Kriterien aus:

- Eine vernünftige, sachgerechte Übereinkunft
- Dauerhaft und somit nachhaltig wirkend
- Effizient im Sinn von wirkungsvoll
- Fair und somit das Verhältnis zwischen den Parteien verbessernd

Abb. [6-3] Vier Problemlösungskriterien nach dem Harvard-Konzept

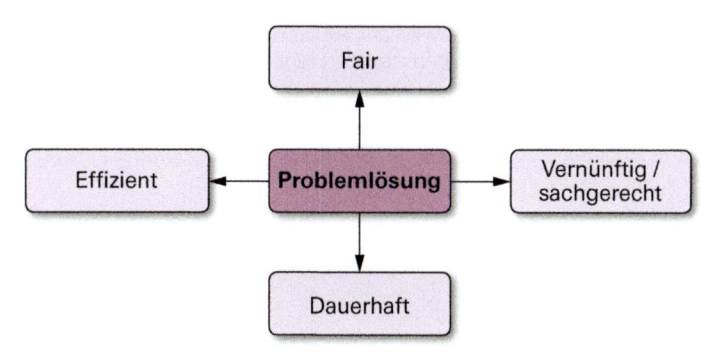

Um diese Kriterien zu erfüllen, beruhen Verhandlungen gemäss dem Harvard-Konzept auf vier Aspekten. Jeder Aspekt bezieht sich auf ein Grundelement des Verhandelns.

Abb. [6-4] Grundelemente und Aspekte des Harvard-Konzepts

Grundelement	Aspekte
Menschen	Menschen und Probleme voneinander trennen
Interessen	Interessen und nicht Positionen in den Mittelpunkt stellen
Möglichkeiten	Alternative Wahlmöglichkeiten entwickeln
Kriterien	Objektive Entscheidungskriterien beiziehen

6.3.1 Menschen und Probleme voneinander trennen

Jede Verhandlungssituation wird sowohl von der Sach- als auch von der Beziehungsebene beeinflusst:

- Sachebene: das Problem bzw. das Verhandlungsthema
- Beziehungsebene: die beteiligten Menschen mit ihren persönlichen Einstellungen und Erfahrungen, Sympathien und Antipathien usw.

Werden diese beiden Ebenen vermischt, besteht die Gefahr, dass sich die Verhandlungsparteien gegenseitig blockieren. Deshalb ist es wichtig, Menschen und Probleme bewusst zu trennen.

---

[1] Fisher, Roger; Ury, William; Patton, Bruce: Das Harvard-Konzept. Sachgerecht verhandeln – erfolgreich verhandeln, Frankfurt / Main 2009.

Die folgenden **Leitfragen** helfen dabei:

- Was ist das eigentliche Verhandlungsthema?
- Wie sehe ich die Beziehung zu meinem Verhandlungspartner?
- Wie kann ich einen störungsfreien Austausch ermöglichen?
- Wie kann ich das nötige Vertrauen schaffen, damit wir in der Sache vorankommen?

6.3.2 Interessen und nicht Positionen in den Mittelpunkt stellen

Die nachfolgende Geschichte steht stellvertretend für die meisten Verhandlungssituationen. Jede Partei vertritt ihre Position und möchte möglichst wenig davon abrücken. Also feilscht man um diese Positionen.

Beispiel

Zwei Männer streiten in einer Bibliothek. Der eine möchte das Fenster offen haben, der andere geschlossen. Sie diskutieren heftig, wie weit man das Fenster öffnen soll: einen Spalt weit, halb oder drei Viertel offen. Keine der Lösungsvarianten befriedigt die Männer. Die Bibliothekarin kommt herein. Sie fragt den einen, weshalb er denn das Fenster öffnen möchte. «Ich brauche frische Luft.» Sie fragt den anderen, weshalb er das Fenster lieber geschlossen hält. «Wegen der Zugluft; ich hatte eben eine starke Erkältung.» – Nach kurzem Nachdenken öffnet die Bibliothekarin im Nebenraum ein grosses Fenster. Auf diese Weise kommt frische Luft hinein, ohne dass es zieht.

Hätte sich die Bibliothekarin nur auf die Positionen der beiden Männer eingelassen, hätte sie sicher keine Lösung gefunden. Sie hat sich aber auf die Interessen hinter diesen Positionen konzentriert: frische Luft einerseits, Vermeidung von Zugluft andererseits. So konnte sie eine mögliche Lösung für alle Beteiligten bewirken.

Quelle: Fisher, Roger; Ury, William; Patton, Bruce: Das Harvard-Konzept. Sachgerecht verhandeln – erfolgreich verhandeln, Frankfurt / Main 2004

Wer mit einer vorgefassten Meinung, einer klaren Haltung und fixen Standpunkten in die Verhandlung einsteigt, kommt in der Regel nicht weiter. Dies führt unweigerlich dazu, dass sich auch die übrigen Parteien darauf konzentrieren, ihre Standpunkte stur zu verteidigen.

Interessen sind die stillen **Beweggründe hinter den Positionen**: die Motive, Bedürfnisse, Wünsche und Sorgen. Typische Interessen sind das Bedürfnis nach Sicherheit, nach Zugehörigkeit, nach Anerkennung oder nach Selbstbestimmung. Wenn die Parteien sich diese bewusst machen und offen aussprechen, tragen sie viel zur Situationsklärung bei.

Die Unterscheidung von Positionen und Interessen ist wegweisend: Um ein für alle Parteien **optimales Ergebnis** zu erzielen, sind nicht die Positionen, sondern die **Interessen in Einklang zu bringen**. Die Suche nach diesen Interessen ist im Verhandlungsgespräch zentral. Dabei helfen offene W-Fragen, wie z. B. «Welches sind deine wichtigsten Beweggründe?», und das aktive Zuhören (s. Kap. 2.2, S. 24 und Kap. 2.3, S. 26).

Setzen Sie sich mit Ihren eigenen Interessen und mit jenen Ihres Gesprächspartners anhand der folgenden **Leitfragen** gründlich auseinander:

- Welches sind meine Interessen und welches die Interessen der anderen Partei?
- Welche allfälligen Interessen von Dritten müssen wir in die Verhandlung einbeziehen?
- Welches könnten unsere gemeinsamen Interessen sein?
- Welche Interessen- oder Zielkonflikte könnte es geben?

Hinter gegensätzlichen Positionen können gemeinsame, neutrale und sich widersprechende Interessen liegen.

Beispiel

Antrag auf einen unbezahlten Urlaub

- Gemeinsames Interesse von Maja und Harald: die Fortsetzung des Arbeitsverhältnisses und die Lösungsbereitschaft
- Neutrale Interessen: Erweiterung der Sprachkenntnisse (Harald), Stellvertreterregelung gewährleistet haben (Maja)
- Sich widersprechende Interessen: Reise-Zeitpunkt aufgrund der bevorzugten Reiseroute (Harald), Projektfortschritt sicherstellen dank Haralds Mitarbeit (Maja)

6.3.3 Alternative Wahlmöglichkeiten entwickeln

Echte Verhandlungserfolge werden nur dann erzielt, wenn die Verhandlungsparteien zwischen verschiedenen Möglichkeiten (Optionen) wählen können. Dies bedeutet keinesfalls, wichtige Interessen auszublenden, um schnellere Lösungen zu erzielen. Faule Kompromisse führen nämlich oft in eine Sackgasse. Vielmehr geht es um einen «Brückenschlag» zwischen den unterschiedlichen Interessen. Daraus entstehen neue Optionen.

Die Verhandlungspartner konzentrieren sich auf das «Sowohl-als-auch» anstatt auf das «Entweder-oder». Sie entwickeln Lösungsmöglichkeiten, die **Vorteile für beide Seiten** bringen. Dabei unterscheidet man zwischen

- dem **kreativen** Suchen: «Welche Lösungen sind denkbar?» und
- dem Suchen nach **praktikablen** Lösungen: «Welche Lösungen sind praktisch sinnvoll?»

Das **Brainstorming** ist eine bewährte Methode, um möglichst viele Lösungsideen zu sammeln. Erst in einem nächsten Schritt werden diese beurteilt und die Konsequenzen untersucht. Mögliche Beurteilungskriterien sind z. B. die für die Umsetzung nötigen organisatorischen, personellen oder finanziellen Mittel, damit verbundene Risiken, die Machbarkeit usw.

6.3.4 Ergebnisse auf objektiven Entscheidungskriterien aufbauen

Das Verhandlungsergebnis muss auf Tatsachen und auf gemeinsam getragenen, realistischen und objektiven Kriterien beruhen. Sie bilden das Fundament für Win-win-Lösungen:

- **Objektive Kriterien** machen den Verhandlungsprozess für alle Parteien besser fassbar und nachvollziehbar und erleichtern die Entscheidungsfindung.
- **Tatsachenbasierte Entscheidungen** ermöglichen gute Ergebnisse. Wenn die Verhandlungspartner ihre Entscheidungen – absichtlich oder unabsichtlich – auf unwahren Tatsachen aufbauen, erzielen sie kein brauchbares Ergebnis und es entstehen erneut Missverständnisse – und damit wiederum Konfliktpotenzial.

Die folgenden **Leitfragen** helfen, eine konstruktive Entscheidungsgrundlage zu schaffen:

- Welche Kriterien können alle Parteien akzeptieren?
- Welche Kriterien muss ein klares und praktikables Verhandlungsergebnis erfüllen?
- Wie stellen wir eine faire Entscheidungsgrundlage sicher?
- Welche weiteren Möglichkeiten haben wir, falls wir uns (noch) nicht einigen können?

Beispiel	**Antrag auf einen unbezahlten Urlaub**
	Maja und Harald stellen fest, dass sich einzig der Projektfortschritt, die von Harald geplante Reiseroute und somit der Abreisetermin schlecht vereinbaren lassen. Sie konzentrieren sich bei der Lösungssuche auf die gemeinsamen Interessen. Nach der Diskussion über diverse Lösungsvarianten bleiben zwei übrig:
	• Die Reise um sechs Monate zu verschieben und die Reiseroute entsprechend anzupassen
	• Harald in seinem angestammten Job per sofort durch einen Stellvertreter zu ersetzen, damit er sich bis zu seiner Abreise ausschliesslich auf die Projektarbeit konzentrieren kann
	Maja und Harald einigen sich auf die erste Variante und halten ihre Abmachung schriftlich fest.

6.4 Leitfaden für das Verhandlungsgespräch

Der Leitfaden in Abb. 6-5 fasst die wichtigsten Merkpunkte für den Aufbau und für die Ausgestaltung eines konstruktiven Verhandlungsgesprächs zusammen.

Abb. [6-5] Leitfaden für das Verhandlungsgespräch

Ablauf	Merkpunkte für das Gespräch
Vorbereitung	• Die eigene Position, die eigenen Grenzen und den eigenen Handlungsspielraum erkennen. • Sich auf eine Win-win-Haltung einstellen. • Zielvorstellung und Bedürfnisse des Verhandlungspartners fiktiv einschätzen. • Mögliche Argumentation und den Handlungsspielraum des Gegenübers sich vorstellen. • Eigene Interessen klären.
Gesprächseinstieg	• Nicht Problem, sondern Hoffnung auf Lösungsfindung ansprechen.
Situationsklärung	Beide Seiten legen nacheinander ihre Anliegen, Vorgaben und Hoffnungen dar: • Beweggründe zur aktuellen Situation • Zielvorstellungen • Sachliche Ausführungen und Hintergründe • Rahmenbedingungen

Lösungsfindung	• Die Interessen auflisten und aufeinander abstimmen:
	  – Gemeinsame Interessen?
	  – Neutrale Interessen: Welche Interessen beeinträchtigen / beeinflussen sich nicht?
	  – Sich widersprechende Interessen?
	• Standpunkt der anderen Partei akzeptieren.
	• Gemeinsamen Handlungsspielraum abstecken.
	• Lösungsvarianten besprechen, die die Interessen beider Seiten abdecken.
	• Vorschläge schriftlich festhalten.

Kontrakt vereinbaren	• Lösungsalternativen bewerten. • Lösungen bevorzugen, die objektiv, realistisch und praktikabel sind. • Ergebnisse evtl. schriftlich festhalten. • Weiteres Vorgehen vereinbaren. • Eventuell Nachbesprechung festlegen.
Abschluss	• Gespräch über Verhandlungsgespräch führen (Metakommunikation). • Verabschiedung. • Eventuell Nachbearbeitung des Gesprächs.

Zusammenfassung

Erfolgreiche Verhandlungsergebnisse beruhen auf einer **Win-win-Haltung** (Gewinner-Gewinner-Haltung), in der sowohl die eigenen Interessen als auch jene der anderen Partei einbezogen werden. Ein **optimales Verhandlungsergebnis** erfüllt die folgenden Kriterien:

- Vernünftige, sachgerechte Übereinkunft
- Dauerhaft und somit nachhaltig wirkend
- Effizient im Sinn von wirkungsvoll
- Fair und somit das Verhältnis zwischen den Parteien verbessernd

Verhandlungsergebnisse können auf drei Arten herbeigeführt werden:

1. Mithilfe von Macht
2. Mithilfe des Rechts oder von Regeln
3. Unter Berücksichtigung der Interessen aller Beteiligten

Das **Harvard-Konzept** folgt dem Grundsatz «Hart in der Sache, kulant im Umgang». Demgemäss sind **vier Aspekte** für eine **konstruktive Verhandlung** entscheidend:

1. Menschen und Probleme voneinander trennen.
2. Interessen und nicht Positionen in den Mittelpunkt stellen.
3. Alternative Wahlmöglichkeiten entwickeln.
4. Ergebnisse auf objektiven Entscheidungskriterien aufbauen.

Der **Verhandlungsleitfaden** hilft, ein Verhandlungsgespräch strukturiert vorzubereiten und durchzuführen.

Repetitionsfragen

19 Beurteilen Sie die folgenden Verhandlungsergebnisse nach den vier Problemlösungskriterien des Harvard-Konzepts.

A] Ab sofort werden Projekte erst angegangen, wenn sämtliche Teammitglieder in allen Punkten dieselbe Meinung vertreten.

B] Für alle Mitarbeitenden gilt eine einheitliche Ferientagsregelung: Es sind mindestens drei und maximal zehn Ferientage während der Schulferien zu beziehen.

C] Das Team zieht in die Büros im ersten Stock um und bekommt im Gegenzug neue Büromöbel und Computer.

20 Begründen Sie in ein paar Sätzen, weshalb Verhandlungsergebnisse dauerhafter sind, wenn sie auf einer Interessenberücksichtigung beruhen.

21 Eine Kollegin ist der Meinung, dass man sich im Verhandlungsgespräch strikt an der eigenen Position und Sichtweise orientieren soll. Sie kann nicht nachvollziehen, warum man sich gedanklich in die Verhandlungspartner versetzen soll.

Nennen Sie der Kollegin mindestens zwei Vorteile, die sie sich verschafft, wenn sie bereit ist, sich in die Verhandlungspartner zu versetzen.

Praxisaufgaben

1 **Verhandlungsgespräch führen**

Werten Sie ein Verhandlungsgespräch aus, das Sie kürzlich führen mussten. Beantworten Sie dazu die folgenden Fragen:

A]	Situation	• Welche Situation hat zum Verhandlungsgespräch geführt? • In welcher Beziehung stehen Sie zum Verhandlungspartner? • Wie haben Sie die vier Grundelemente des Harvard-Konzepts in dieser Verhandlungssituation berücksichtigt?
B]	Reflexion (Erkenntnis)	• Welches Resultat haben Sie in der Verhandlung erreicht? • Wo sind Sie im Gesprächsverlauf allenfalls an Grenzen gestossen? • Welche Erkenntnisse ziehen Sie aus diesem Gespräch?
C]	Fazit	• Was wollen Sie in einer vergleichbaren Gesprächssituation wieder gleich machen? • Was wollen Sie in einer vergleichbaren Gesprächssituation anders machen? • Welche inneren Grenzen wollen Sie bewusst respektieren oder sich damit arrangieren?

7 Schwierige Führungsgespräche

Lernziele	Nach der Bearbeitung dieses Kapitels können Sie ... <ul><li>Merkpunkte für die Gestaltung schwieriger Gespräche nennen.</li><li>die wichtigsten Grundsätze für ein konstruktives Kritikgespräch beschreiben.</li><li>erklären, worauf beim Überbringen schlechter Botschaften besonders zu achten ist.</li></ul>
Schlüsselbegriffe	Abwehr, Aggression, Fehlleistung, Fehlverhalten, Kritikgespräch, Leitfaden Gespräch, Rückzug, Schlechte-Botschaft-Gespräch

Viele Führungspersonen bekunden grosse Mühe mit jenen Führungsgesprächen, in denen sie etwas Heikles oder Negatives sagen müssen.

Beispiel

Beatrice fällt es schwer, jemanden offen zu kritisieren. Seit einiger Zeit erfüllt ihre Mitarbeiterin Luzia die von ihr erwarteten Leistungen nicht mehr. Beatrice weiss, dass sie dies nicht länger dulden kann, dennoch vertagt sie die klärende Aussprache mit Luzia seit Wochen. Sie scheut sich, das an sich gute Arbeitsklima zu stören, und hofft darum insgeheim auf eine Leistungsverbesserung von Luzia.

Timo sieht sich als sachlichen und überlegten Vorgesetzten. Kritik bringt er an, wenn er sie für notwendig hält. Sein Mitarbeiter Rolf reagierte in der Vergangenheit aber auf solche Kritik oft sehr emotional und aufbrausend. Die Gespräche glitten in gegenseitige Beschuldigungen ab und verliefen unbefriedigend. Timo fühlt sich in solchen Konfliktsituationen nicht mehr Herr der Lage, was ihm zusetzt. Er weiss einfach nicht, wie er mit Rolf ein konstruktives Gespräch führen kann. Darum vermeidet er es lieber so lange wie möglich.

7.1 Anlass für ein schwieriges Führungsgespräch

Typische schwierige Gespräche sind das Kritik-, das Schlechte-Botschaft- und das Konfliktgespräch:

- Im **Kritikgespräch** wird eine nicht den Erwartungen entsprechende Leistung und / oder ein unangemessenes Verhalten beurteilt, um eine Verbesserung zu erreichen.
- Beim **Schlechte-Botschaft-Gespräch** müssen Entscheidungen kommuniziert werden, die für den Betroffenen eine negative Konsequenz haben.
- Im **Konfliktgespräch** sollen unterschiedliche Sichtweisen geklärt und damit der Weg für eine einvernehmliche Konfliktlösung geebnet werden.

Ungeachtet des konkreten Themas lösen solche Gespräche oft heftige **negative Emotionen** aus: Wut, Trauer, Angst oder Frustration. Die daraus entstehenden **Abwehr- und Verteidigungsreaktionen** erschweren oder verunmöglichen eine konstruktive Auseinandersetzung im Gespräch und können das Arbeitsklima nachhaltig stören. Aus Furcht vor einer negativen Entwicklung verdrängen viele Führungspersonen die Aussprache lange oder zögern sie bewusst hinaus. Damit entschärfen sie die heikle Situation jedoch keinesfalls. Im Gegenteil, sie spitzt sich weiter zu und stört das Arbeitsklima empfindlich. Deshalb braucht es den mutigen Schritt, sich zu überwinden und die klärende Aussprache zu suchen.

Hinweis

Nichtfachleute stossen rasch an ihre Grenzen bei besonders heiklen Themen wie **Suchtverhalten, sexueller Belästigung, psychischen Problemen oder Mobbing.** Darum empfiehlt es sich in solchen Fällen, frühzeitig professionelle Hilfe anzufordern (z. B. den Personaldienst, firmeninterne oder -externe Fachexperten oder offizielle Anlaufstellen).

Die gesetzliche Sorgfaltspflicht (OR Art. 328) des Arbeitgebers verpflichtet indes die Vorgesetzten zu einem Gespräch. Die Konfrontation mit diesen heiklen Themen ist unumgänglich; ein abgestimmtes Vorgehen und gezielte Massnahmen erhöhen die Erfolgschancen erheblich.

Nachfolgend gehen wir auf wichtige Merkpunkte bei der Vorbereitung, Durchführung und Nachbereitung von Kritik- und Schlechte-Botschaft-Gesprächen ein. Diese ergänzen und vertiefen die Ausführungen zum Führungsgespräch (s. Kap. 4, S. 49).

Hinweis	Das Konfliktgespräch behandeln wir ausführlich im Compendio-Lehrmittel «Konfliktmanagement – Leadership-Modul für Führungsfachleute» dieser Lehrmittelreihe.

7.2 Kritikgespräch

Das Kritikgespräch dient dazu, ein **Fehlverhalten** und / oder **mangelhafte Leistungen** zu klären. Dabei handelt es sich nicht um ein alltägliches Feedback, sondern um die Beanstandung offensichtlicher Mängel, die eine bestimmte Verhaltensänderung oder Leistungsverbesserung nach sich ziehen müssen. Das Kritikgespräch hat darum einen **verbindlichen Rahmen:** Es wird der betreffenden Person im Voraus **angekündigt.** Die Ergebnisse werden **schriftlich festgehalten** und vereinbarungsgemäss kontrolliert. Eine Verwarnung wird zudem in der Personalakte vermerkt.

7.2.1 Objektiv und fair kritisieren

Jemanden zu kritisieren, ist unangenehm. Wir fürchten uns davor, die falschen Worte zu wählen oder eine emotionale Reaktion zu provozieren. Ausserdem wollen wir uns nicht unbeliebt machen, jemanden enttäuschen oder demotivieren. Ein wichtiger Grundsatz für die offene, sachliche und faire Kritik lautet deshalb: Je kritischer Sie sich äussern müssen, desto gründlicher müssen Sie sich darauf vorbereiten!

Die Schwierigkeit im Kritikgespräch besteht darin, die **Balance** zwischen der **sachgerechten Konfrontation** und dem gegenseitigen persönlichen **Vertrauen** zu finden. Der Mitarbeiter muss erfahren, welche Leistung oder welches Verhalten nicht den Erwartungen entspricht. Die Kritik soll für ihn **nachvollziehbar** und **angemessen** sein. Gleichzeitig aber gilt es, seine Motivation und die konstruktive Arbeitsbeziehung aufrechtzuerhalten. Die Kritik soll dazu beitragen, dass er sein Fehlverhalten oder seine Fehlleistung erkennt und daraus lernen kann.

Darum müssen Sie für eine **offene, wertschätzende Gesprächsatmosphäre** sorgen und **sachlich** bleiben. Die folgenden Punkte tragen dazu bei:

- Sagen Sie **gleich zu Beginn,** worum es Ihnen geht, und zögern Sie die Kritik nicht hinaus. Reden Sie nicht um den heissen Brei herum.
- Machen Sie **klare Aussagen.** Mehrdeutige und schwammige Formulierungen helfen niemandem weiter, im Gegenteil, damit setzen Sie Ihre eigentliche Botschaft herab.
- Belegen Sie Ihre Kritik mit **konkreten Beobachtungen** und Beispielen. Klären Sie zunächst mit dem Mitarbeiter, was genau **Anlass zur Kritik** gegeben hat. Damit verhindern Sie Missverständnisse oder Zurückweisungen.
- Machen Sie nach Ihrer Kritik eine kurze **Pause,** damit Ihr Gegenüber sie zuerst verdauen kann. Widerstehen Sie dem Drang, Ihr Unbehagen durch Weiterreden zu übertünchen.
- Geben Sie dem Mitarbeiter die Gelegenheit, seine **Sichtweise** zu äussern. Bitten Sie ihn mit **offenen Fragen** um seine Stellungnahme. Zeigen Sie Ihr aufrichtiges Interesse an seinem Standpunkt. Das bedeutet nicht, dass Sie damit auch einverstanden sein müssen.
- Treffen Sie **Vereinbarungen.** Richten Sie den Blick in die Zukunft und teilen Sie mit, was Sie konkret wünschen bzw. was sich verändern soll. Fragen Sie auch den Mitarbeiter, was er verändern will und welche Unterstützung er dafür braucht: «Was kannst du beitragen, um eine solche Situation künftig zu vermeiden? Was brauchst du von mir, damit du ein nächstes Mal anders reagieren kannst?»
- Finden Sie einen **positiven Gesprächsabschluss.** Zeigen Sie, dass das Vertrauen trotz der Kritik gewahrt bleibt, und drücken Sie Ihre Zuversicht für eine Veränderung ehrlich aus. Damit ermutigen Sie den Mitarbeiter, die getroffenen Vereinbarungen umzusetzen.

Beispiel

Bei ihrer Tätigkeit als Dentalassistentin beherrscht Milla die technischen Geräte sehr gut und arbeitet fachlich einwandfrei. Im Team und im Kundenkontakt hingegen ist sie in letzter Zeit einige Male negativ aufgefallen, weil sie ihr Gegenüber mit ihrer direkten, ruppigen Ausdrucksart brüskiert hat. Im Kritikgespräch beanstandet ihre Vorgesetzte dieses Fehlverhalten anhand von konkreten Vorfällen. Sie zeigt Milla auch die Folgen davon auf und macht ihre Erwartungen an den Umgang mit Kunden und im Team klar. Die Vorgesetzte nutzt das Gespräch aber auch dazu, ihre Wertschätzung für Millas fachliche und technische Kompetenz auszudrücken.

7.2.2 Leitfaden für das Kritikgespräch

Ein konstruktives Kritikgespräch richtet sich nach der Konfrontation rasch auf die **Lösungssuche** aus: Wie kann in Zukunft die bemängelte Leistung verbessert bzw. das Fehlverhalten verhindert werden?

Nicht voreilige Ratschläge der Führungskraft sind gefragt, sondern wirksame Leistungs- oder Verhaltenskorrekturen. Die Mitarbeitenden sollen darum **selbst definieren,** wie sie die Erwartungen erfüllen und welche Schritte sie dafür machen wollen.

Mit dem Kritikgespräch allein ändert sich die Situation nicht schlagartig. Es bewährt sich, wenn Vorgesetzte **konsequent am Thema bleiben,** die Führungsarbeit in den folgenden Wochen intensivieren und den Kontakt zum betreffenden Mitarbeiter bewusst aufrechterhalten. Ein zwischenzeitliches Standortgespräch hilft, die Fortschritte abzugleichen und den eingeschlagenen Weg bei Bedarf nochmals zu korrigieren.

Abb 7-1 fasst die wichtigsten Merkpunkte für das Kritikgespräch zusammen.

Abb. [7-1] Leitfaden für das Kritikgespräch

Ablauf	Merkpunkte für das Gespräch
Vorbereitung	• Den eigenen Standpunkt und das Ziel des Kritikgesprächs klären. • Die eigenen Anteile an der aktuellen Situation hinterfragen. • Fakten, exemplarische Beispiele zusammenstellen. • Fakten und subjektive Interpretationen bewusst trennen. • Mögliche Reaktionen auf die Kritik gedanklich durchspielen. • Eventuell rechtliche Aspekte berücksichtigen. • Gespräch organisieren (Zeitpunkt, Ort, Thema) und dazu einladen.
Gesprächseinstieg	• Offene, wertschätzende Atmosphäre schaffen. • Grund für das Gespräch ohne Umschweife sachlich und knapp benennen.
Kritik anbringen	• Vorfälle klären, die Anlass zur Kritik geben. • Kritische Leistung oder kritisches Verhalten klar benennen. • Leistung und Verhalten voneinander trennen. • Den Mitarbeiter um seine Sicht bitten und nach den Ursachen fragen.
Lösungsfindung	• Künftig erwartetes Verhalten und / oder erwartete Leistung formulieren. • Der Mitarbeiter definiert die nächsten Schritte selbst und den allfälligen Unterstützungsbedarf zur Zielerreichung. • Lösungsfokussierte Haltung und W-Fragen helfen. • Dem Mitarbeiter die nötige Unterstützung zusichern.
Gesprächsabschluss	• Gespräch abrunden, Möglichkeit zur Klärung noch offener Fragen anbieten. • Folgetermin für Standortbestimmung vereinbaren. • Eventuell Metakommunikation über das Gespräch führen. • Positiver Abschluss mit Dank und Ausblick auf die Zukunft.
Nachbearbeitung	• Administrativ-formelle Abläufe sicherstellen (Gesprächs- bzw. Aktennotiz). • Massnahmen einleiten, Vereinbarungen kontrollieren. • Selbstreflexion über Gesprächsführung und -verlauf.

7.3 Schlechte-Botschaft-Gespräch

Im Schlechte-Botschaft-Gespräch teilt die Führungsperson dem Mitarbeiter einen für ihn **folgenschweren negativen Entscheid** mit. Dieser Entscheid ist gefallen und nicht mehr diskutierbar. Daher ist das erforderliche Gespräch so bald wie möglich zu führen.

Typische Anlässe für Schlechte-Botschaft-Gespräche im Führungsalltag sind:

- Zurückstufung
- Versetzung
- Negativer Selektionsentscheid (bei internen Bewerbungen oder Beförderungen)
- Entlassung

Das Schlechte-Botschaft-Gespräch ist in der Regel ein **kurzes Gespräch**. Die negative Botschaft ist zu überbringen, ohne darüber eine inhaltliche Diskussion zu führen. Wenn das Bedürfnis besteht, sich länger und vertiefter auszutauschen, soll dafür ein zweites oder drittes **Folgegespräch** angeboten werden.

Setzen Sie sich bereits in der Vorbereitung auf ein solches Gespräch bewusst mit den möglichen Reaktionen auseinander und damit, wie Sie damit umgehen können und wollen.

7.3.1 Typische Reaktionen auf schlechte Botschaften

Weil wir uns vor den **heftigen, unkontrollierbaren oder unberechenbaren Reaktionen** auf schlechte Botschaften fürchten, stemmen wir uns dagegen, sie zu überbringen, und weichen solchen Gesprächen wenn möglich aus.

Abb. 7-2 zeigt einige typische Reaktionen auf schlechte Botschaften.

Abb. [7-2] **Typische Reaktionen auf schlechte Botschaften**

Rückzug	• Abwesend sein, nicht mehr zuhören. • Schweigen: Antworten vermeiden, keine Gefühlsreaktionen zeigen. • In die Opferrolle verfallen, die Schuld den Umständen geben.
Abwehr	• Sich weigern, die Botschaft anzunehmen. • Die Botschaft uminterpretieren. • Sich rechtfertigen, sich in Details verlieren. • Beurteilung infrage stellen, Belege fordern. • Gefühlsausbrüche: weinen, lachen, trotzen, ironisieren.
Aggression	• Die Führungskraft beschimpfen. • Die Entscheidungsträger anklagen. • Drohungen, Beleidigungen aussprechen. • Die Führungskraft angreifen.

7.3.2 Fehler im Schlechte-Botschaft-Gespräch

Eine **klare, respektvolle Haltung** ist beim Überbringen einer schlechten Botschaft besonders wichtig. Im Gegensatz dazu sind beschwichtigende, beschönigende oder mitleidige Aussagen sowie Rechtfertigungs- oder Entschuldigungsversuche unangebracht. Sie werden vom Empfänger als billige Ausreden aufgenommen, verstärken sein Ohnmachtsgefühl und können die angespannte Situation noch verschärfen.

Vermeiden Sie deshalb typische Fehler in solchen heiklen Gesprächssituationen:

- **Beschönigen oder bagatellisieren:** «Es kann jeden treffen ...», «Sie sind ja noch jung ...», «es wird sich schon zum Guten wenden», «das ist doch nur halb so schlimm» oder «die Enttäuschung wird mit der Zeit sicher kleiner» machen die Botschaft für den Betroffenen nicht weniger schlimm, sondern verstärken sogar sein Ohnmachtsgefühl.
- **Bemitleiden:** Mitleid ist nicht zu verwechseln mit Mitgefühl. Verständnis und Empathie sind hilfreich, mitleidige Kommentare hingegen vergrössern nur die Kluft: «Dass es ausgerechnet dich trifft, ist jammerschade» oder «das wird nun sicher eine sehr, sehr schwere Zeit für dich» usw.
- **Entscheid rechtfertigen oder entschuldigen:** Argumente appellieren an die Vernunft und sind im ersten Gespräch unangebracht, genauso wie halbherzige Rechtfertigungsversuche, z. B.: «Dienstalter und Erfahrung zählen heute einfach weniger, das müssen Sie akzeptieren ...», «die Vorgaben von oben sprechen gegen Sie ...» oder «man hätte vielleicht früher reagieren sollen, aber wir setzten auf das Prinzip Hoffnung ...».
- **Um den heissen Brei herumreden:** Sich so unklar und umständlich ausdrücken, dass der negative Entscheid beim Mitarbeiter nicht richtig oder nicht vollständig ankommt.
- **Langfädige Ausführungen:** Zu ausführliche Erklärungen verwässern den Entscheid oder wecken gar neue, aber unangebrachte Hoffnungen.

7.3.3 Leitfaden für das Schlechte-Botschaft-Gespräch

Das Vorgehen in einem konstruktiven Schlechte-Botschaft-Gespräch orientiert sich an den folgenden vier Merkpunkten:

1. **Das Eigentliche und Wesentliche voraus:** Die schlechte Botschaft gleich zu Beginn des Gesprächs unmissverständlich vorbringen. Wenn nötig, kurz mit Fakten und persönlichen Einschätzungen ergänzen. Keine umständlichen Einleitungen, Rechtfertigungen oder Vorwürfe machen.
2. **Negative Gefühle akzeptieren und zulassen:** Gefühle offen ansprechen und im Zweifelsfall nachfragen. Heftige Gefühlsreaktionen (z. B. Trauer, Wut, Enttäuschung usw.) zulassen, ohne sich selbst angegriffen zu fühlen. Dem Gegenüber Zeit geben, sich zu beruhigen. Auf Appelle an die Vernunft, Beschwichtigung oder Aufmunterung und vor allem auf Schuldzuweisungen oder Gegenangriffe verzichten.
3. **Beruhigung:** Das Gespräch nach den ersten Gefühlswogen wieder ebnen und Gefühle offen ansprechen. Inhaltliche Diskussionen oder Rechtfertigungen vermeiden.
4. **Ausblick in die Zukunft:** In jedem Fall ein Folgegespräch verbindlich vereinbaren, um darin die nächsten Schritte zu klären. Hand bieten bei der Bewältigung und mögliche erste Perspektiven für die Zukunft aufzeigen, aber keine unrealistischen Hoffnungen wecken.

Der Leitfaden in Abb. 7-3 fasst die wichtigsten Punkte zusammen, auf die Sie im Schlechte-Botschaft-Gespräch besonders achten sollten.

Abb. [7-3]   Leitfaden für das Schlechte-Botschaft-Gespräch

Ablauf	Merkpunkte für das Gespräch
Vorbereitung	• Entscheidungsgrundlagen (Fakten, exemplarische Beispiele) zusammenstellen. • Sich der eigenen Haltung gegenüber der Entscheidung bewusst werden. • Mögliche Reaktionen der Betroffenen vergegenwärtigen. • Handlungsvarianten gedanklich durchspielen. • Gespräch organisieren (Zeitpunkt, Ort, Thema) und dazu einladen.
Gesprächseinstieg	• Freundliche, kurze Begrüssung. • Sogleich zur Sache kommen, nicht um den heissen Brei herumreden. • Eigene Betroffenheit mitteilen.
Entscheid mitteilen	• Entscheid klar und unmissverständlich mitteilen. • In den Aussagen verbindlich bleiben. • Dem Betroffenen Zeit und Raum für Reaktionen lassen. • Heftige Reaktionen zulassen, ohne sich persönlich angegriffen zu fühlen. • Aktiv zuhören, Gefühle ansprechen.
Gesprächsabschluss	• Kernaussagen nochmals kurz und knapp zusammenfassen. • Unterstützung für die nächsten Schritte anbieten. • Nächsten Kontakt oder Folgegespräch verbindlich vereinbaren. • Verabschiedung.
Nachbearbeitung	• Kontakt zum Betroffenen halten, Folgegespräche führen. • Massnahmen zur Umsetzung des Entscheids einleiten. • Informationskonzept erstellen: Wer muss wann worüber informiert werden? • Bei Bedarf Supervision oder Zweitgespräch mit Fachleuten zur Metakommunikation und Selbstreflexion organisieren.

Zusammenfassung

Als besonders schwierige Führungsgespräche gelten das Kritik-, das Schlechte-Botschaft- und das Konfliktgespräch.

Im **Kritikgespräch** werden ein **Fehlverhalten** und / oder **mangelhafte Leistungen** beanstandet und eine nachhaltige Verhaltensänderung oder Leistungsverbesserung eingefordert. Die Kritik muss **objektiv** (sachgerecht) und **fair** (angemessen und nachvollziehbar) erfolgen. Die kritisierte Person erhält die Gelegenheit, ihre Einschätzung darzulegen und Lösungsansätze für eine Verhaltensänderung oder Leistungsverbesserung vorzuschlagen.

In einem **Schlechte-Botschaft-Gespräch** geht es um das Überbringen einer deutlich negativen, **nicht diskutierbaren Entscheidung.** Typische Anlässe dafür sind die Zurückstufung, Versetzung, die Ablehnung einer internen Bewerbung oder Beförderung und die Entlassung. Beim Überbringen schlechter Botschaften ist mit **emotionalen Reaktionen** der Betroffenen zu rechnen: Rückzug, Abwehr oder Aggression.

Ein konstruktives Vorgehen in einem Schlechte-Botschaft-Gespräch berücksichtigt daher:

1. Das **Eigentliche und Wesentliche voraus:** sogleich zur Sache kommen, Entscheidung unmissverständlich mitteilen.
2. **Negative Gefühle** akzeptieren und zulassen.
3. **Beruhigung:** Gefühle offen ansprechen.
4. **Ausblick in die Zukunft:** Folgegespräch vereinbaren, Unterstützung bei der Bewältigung der schlechten Botschaft anbieten.

Repetitionsfragen

22	Erklären Sie in maximal drei Sätzen, warum es nicht zweckdienlich ist, eine schlechte Botschaft zu beschönigen oder zu rechtfertigen.
23	In welchen der folgenden drei Situationen ist ein Kritikgespräch angebracht? Begründen Sie kurz Ihre Meinung. A] Anna hat gegen die IT-Sicherheitsbestimmungen verstossen und nicht zulässige Softwareprogramme auf ihrem Computer installiert. Der IT-Support meldet dies an Annas Vorgesetzten. B] Beat hat den Aufwand für das Erstellen des Projektantrags unterschätzt und reicht ihn deshalb um zwei Tage verspätet ein. Seine Vorgesetzte ist darüber ziemlich verärgert. C] In rund zwei Wochen legt Chiara die Prüfung zur Marketingfachfrau ab. Sie steckt mitten in der Prüfungsvorbereitung, ist derzeit sehr angespannt und ungewohnt brüsk. Dieses Verhalten bringt Unruhe ins Team.
24	Nennen Sie drei typische Reaktionsmuster auf schlechte Botschaften.

Praxisaufgaben

1   **Schwierige Führungsgespräche**

Werten Sie ein schwieriges Führungsgespräch aus, das Sie kürzlich führen mussten. Beantworten Sie dazu die folgenden Fragen:

A]	Situation	• Welche Situation hat Anlass zu einem schwierigen Führungsgespräch gegeben? • Hat es sich um ein Kritikgespräch oder um ein Schlechte-Botschaft-Gespräch gehandelt? • Wie haben Sie das Gespräch aufgebaut?
B]	Reflexion (Erkenntnis)	• Welches Resultat haben Sie im Gespräch erzielt? • Wann gab es allenfalls einen kritischen Moment im Gespräch, bei dem Sie an Ihre Grenzen gestossen sind? • Welche Erkenntnisse ziehen Sie aus dem Gespräch?
C]	Fazit	• Was möchten Sie in einer vergleichbaren Gesprächssituation wieder gleich machen? • Was möchten Sie in einer vergleichbaren Gesprächssituation anders machen? • Was nehmen Sie sich konkret vor, um die gewünschte Änderung zu erreichen?

8 Informieren

Lernziele

Nach der Bearbeitung dieses Kapitels können Sie …

- die Anforderungen an eine sach- und adressatengerechte Information beschreiben.
- beurteilen, was eine Information verständlich macht.
- entscheiden, für welche Information sich welches Medium eignet.
- erklären, wie Informationen visuell unterstützt werden können.

Schlüsselbegriffe

adressatengerechte Information, Bring-/Holschuld, Ein-Weg-Kommunikation, externe Information, Informationsmanagement, Informationsprozess, interne Information, Medieneinsatz, mündliche Information, Muss-/Soll-Information, sachgerechte Information, schriftliche Information, stufengerechte Information, Visualisierung, W-Fragen

Mit «Informationen» verbinden wir zunächst die Informationsmedien, etwa Zeitungen, Zeitschriften, Internet, Radio und Fernsehen. Aber nicht nur durch Sprache, Bilder und Töne, sondern auch durch Berührungen und Gerüche werden bestimmte Informationen übertragen.

Informationen bilden die **Basis für unser Denken** und **Handeln**. Ohne sie sind wir hilflos, erfassen wichtige Zusammenhänge nicht, sind nicht entscheidungsfähig. Fehlen uns wichtige Informationen, fühlen wir uns unsicher, ausgeschlossen oder übergangen. Erhalten wir zu viele Informationen, fühlen wir uns überreizt und überfordert.

8.1 Informationsprozess

Information ist die **einseitige Übermittlung von Botschaften** an einen Empfänger aus einem bestimmten Anlass und zu einem bestimmten Zweck. Einseitig ist diese Übermittlung insofern, als der Empfänger darauf nicht immer sofort und direkt reagiert. Information wird daher auch als **Ein-Weg-Kommunikation** bezeichnet. Demgegenüber ist die Kommunikation als Austauschprozess von Informationen eine Zwei-Weg-Kommunikation.

Auch beim Informationsprozess ist entscheidend, dass der Empfänger die Botschaften **richtig decodiert** und **interpretiert**. Anders als beim zweiseitigen Kommunikationsprozess kann der Sender jedoch nicht direkt überprüfen, ob dies tatsächlich geschieht. Wenn er keine direkte Rückmeldung erhält, bleibt er im Ungewissen, wie seine Botschaft angekommen ist.

Darum ist es besonders wichtig, dass Sie sich mit den **Informationsbedürfnissen** der Empfänger auseinandersetzen und **klar** und **verständlich** informieren. Sonst verlieren Sie schnell deren Aufmerksamkeit.

Die nachfolgenden Ausführungen sollen Sie darin unterstützen, Informationen sach- und adressatengerecht aufzubereiten.

8.2 Sachgerecht informieren

Dank den heutigen **Informationstechnologien (IT)** sind wir in der Lage, fast unendlich viele Informationen zu sammeln, zu speichern, auszuwerten, zu vernetzen und somit auch, die **Informationsflüsse gezielt zu lenken**. In einem solchen Ausmass, dass das Informationsmanagement zu einer Schlüsselaufgabe im Unternehmen geworden ist.

8.2.1 Informationsmanagement

Das Ziel eines funktionierenden Informationsmanagements im Unternehmen ist, einer ausgewählten **Zielgruppe** die **notwendigen Informationen** in der **geeigneten Form** am **gewünschten Ort** und **zur richtigen Zeit** zur Verfügung zu stellen.

Gut gemanagte Informationen müssen demnach wie folgt aufbereitet sein:

1. **genau,**
2. **wirksam,**
3. **zweckdienlich,**
4. **rechtzeitig** und vor allem
5. **verständlich.**

Für das Informationsmanagement in Ihrem Team sind Sie als Führungsperson verantwortlich. Wenn Sie dieses vorbildlich wahrnehmen, wirkt sich dies auch positiv auf das Informationsverhalten Ihrer Mitarbeitenden aus.

Was in der Theorie so einfach klingt, ist in der Praxis manchmal recht schwierig umzusetzen.

8.2.2 Muss- oder Soll-Informationen?

Heute gilt nicht mehr «Wissen ist Macht», sondern «geteiltes Wissen ist doppeltes Wissen». Viele Berufsleute können die **Informationsflut** jedoch kaum mehr bewältigen, der sie täglich ausgesetzt sind. Die wichtigen Informationen konsequent von den unwichtigen zu trennen, ist ein erster Schritt, sie auf ein **vernünftiges Mass** zu reduzieren.

Als Führungsperson sind Sie dafür verantwortlich, dass Ihre Mitarbeitenden alle **für die Zielerreichung notwendigen Informationen** erhalten. Dazu lohnt es sich, sein Augenmerk auf die Muss-Informationen zu richten:

- **Muss-Informationen** (englisch «must») sind unerlässlich, um anfallende **Aufgaben rechtzeitig, korrekt** und **vollständig erledigen** zu können. Es handelt sich um Informationen, die in der einen oder anderen Form die Arbeitsentscheide direkt beeinflussen.
- **Soll-Informationen** (englisch «nice to have») sind **willkommene, aber entbehrliche Zusatzinformationen.** Sinngemäss übersetzt, ist es «nett», sie zu haben, doch sind sie nicht unbedingt notwendig, um die anfallenden Aufgaben rechtzeitig, korrekt und vollständig erledigen zu können.

Beispiel

An der Kick-off-Sitzung gibt die Projektleiterin den Projektauftrag bekannt. Detailliert geht sie auf die Vorgaben der Geschäftsleitung, auf die Notwendigkeit des Projekts und auf die einzelnen Projektziele ein. Diese Informationen sind unerlässlich, damit das Projektteam mit den Aufgaben starten kann.

Für einige wäre es bestimmt interessant, noch mehr über die Ursprünge dieses Projektauftrags zu erfahren. Für die anstehenden Aufgaben ist diese Information aber nicht zwingend nötig. Deshalb verzichtet die Projektleiterin, darauf an der Kick-off-Sitzung näher einzugehen.

8.2.3 Bring- oder Holschuld?

Eine Frage stellt sich im Führungsalltag immer wieder von Neuem: Ist Information eine Bring- oder eine Holschuld? Dazu ein Beispiel:

Beispiel	Als Controller will Reto vom Produktionsleiter über bestimmte Massnahmen und Ergebnisse laufend informiert werden. Nur so sei ein wirksames Controlling möglich. Der Produktionsleiter sieht das anders: Seine Tür sei für Fragen immer offen, doch müsse sich Reto die Informationen schon selbst holen, wenn er sie brauche.

Grundsätzlich gilt im Führungsprozess: Informationen sind eine **Bringschuld** der **Führungsperson**. Sie ist dafür verantwortlich, dass die Mitarbeitenden alle **spezifischen Informationen** erhalten, damit sie ihre Aufgaben rechtzeitig, umfassend und korrekt erfüllen können. Sie darf aber auch davon ausgehen, dass sich zuverlässige Mitarbeitende darum bemühen, allfällige Informationslücken selbstständig zu schliessen.

In Abb. 8-1 sind typische Situationen aufgelistet, die Anlass für eine aktive Information der Mitarbeitenden geben.

Abb. [8-1]   **Typische Führungsinformationen**

Laufende Führungs-informationen	• **Delegieren**: Aufträge erteilen. • **Know-how**: Wissen, Erfahrungen und arbeitsrelevante Informationen weitergeben. • **Entscheide**: Beschlüsse aus Sitzungen oder von Gremien vermitteln.
Periodische Führungs-informationen	• **Ergebnisse**: Geschäftszahlen, Projekterfolge usw. • **Ereignisse**: Jubiläen, Firmenbesichtigung, Einladungen zu Firmenanlässen usw. • **Projekte**: wichtige Vorhaben (vor)ankündigen, Zwischenberichte, Projektergebnisse • **Kunden / Lieferanten**: Aufnahme oder Aufgabe wichtiger Partnerschaften • **Personelles**: Anstellungen oder Kündigungen

Die **Mitarbeitenden** haben insbesondere dann eine **Holschuld**, wenn es sich um **allgemeine Informationen** handelt, die in firmeninternen Datenbanken, im Intranet oder im Internet leicht zugänglich sind. Wer sich nicht genügend informiert fühlt, hat das Recht und auch die Pflicht, sich die zusätzlichen Informationen selbst zu beschaffen.

In Einzelfällen bleibt dennoch umstritten, ob es sich nun um eine Holschuld oder um eine Bringschuld handelt. Umso wichtiger ist es, im Team die wichtigsten **Informationsregeln** zu vereinbaren. Viele Unternehmen halten auch in ihren **Führungsleitbildern** fest, dass sie grossen Wert legen auf das aktive Informieren.

8.2.4 Externe und interne Information

Welche Informationen wann und wie im Unternehmen verteilt und welche auch nach aussen gegeben werden, ist im digitalen Zeitalter ein äusserst sensible Entscheidung geworden. Zu beachten sind insbesondere der **Datenschutz** und die Wahrung von **Persönlichkeitsrechten.** Richtig ungemütlich wird es etwa, wenn Informationen an die **Öffentlichkeit** gelangen, die unternehmensintern noch nicht kommuniziert wurden. Deshalb gilt grundsätzlich: interne Information vor externer Information.

Auch gilt es gut abzuwägen, welche Informationen **innerbetrieblich** zwar sehr wichtig sind und somit auch sofort weitergegeben werden müssen, zum aktuellen Zeitpunkt aber **keinesfalls** schon **an aussenstehende Dritte** gelangen dürfen.

Dementsprechend müssen die interne und die externe Kommunikation gut aufeinander abgestimmt sein.

Beispiel	Aufgrund von internen Regelverstössen muss ein Kundenberater entlassen werden. Seine Teamkollegen werden darüber sofort informiert, jedoch nicht die Kunden, da man sie keinesfalls verunsichern will. Sie erfahren erst zu einem späteren Zeitpunkt, dass sie von einer neuen Kundenberaterin betreut werden.

8.3 Adressatengerecht informieren

Noch nie war es so einfach wie heute, an **beliebig viele Informationen** zu kommen. Mehr Informationen zu haben, bedeutet jedoch nicht, besser informiert zu sein. Im Gegenteil: Wie oft ertappen Sie sich dabei, dass Sie E-Mails, Sprachmitteilungen, Kurznachrichten usw. nur flüchtig gelesen oder gehört haben?

Adressatengerechte Informationen sollten wie ein **Massanzug** passen: auf die momentanen Bedürfnisse des jeweiligen Empfängers optimal zugeschnitten. Wer diesen Grundsatz nicht beachtet, muss sich nicht wundern, wenn seine Botschaft nicht wie gewünscht ankommt.

Zu einer adressatengerechten Information tragen Sie bei, wenn Sie diese stufengerecht, vollständig, verständlich und verhältnismässig aufbereiten.

8.3.1 Stufengerecht informieren

Im betrieblichen Informationsmanagement wird zwischen der vertikalen und der horizontalen Achse unterschieden:

- Auf der **vertikalen Achse,** d. h. auf dem **hierarchischen Weg** von oben nach unten, fliessen vor allem Informationen als Vorgaben, die für die Steuerung des Unternehmens wichtig sind: zur Strategie, zu mittel- und kurzfristigen Zielen, zu generellen Massnahmen usw. Von unten nach oben werden Rückmeldungen dazu gegeben: zur Zielerreichung, zur konkreten Umsetzung und Wirkung der betreffenden Massnahmen usw.
- Auf der **horizontalen Achse,** d. h. auf **denselben hierarchischen Stufen,** fliessen vor allem Informationen zwischen Teams und Abteilungen, die den Arbeitsfluss, die Schnittstellen in den einzelnen Prozessen und Korrekturen oder Anpassungen betreffen.

Je nach hierarchischer Stufe wird in einem anderen **Detaillierungsgrad** und mit einer anderen **Gewichtung** informiert. So sind z. B. für die direkt betroffenen Mitarbeitenden detaillierte Informationen sehr wichtig, während sich der Vorgesetzte eines anderen Teams lediglich einen groben Überblick verschaffen will.

8.3.2 Vollständig informieren

Eine vollständige Information beantwortet die sechs «**W-Fragen**»: Was? Wer? Wozu? Wann? Wie? Wo? Bereiten Sie Mitteilungen mithilfe dieser sechs W-Fragen auf, damit Sie nichts Wichtiges vergessen.

Abb. [8-2]   Sechs W-Fragen der vollständigen Information

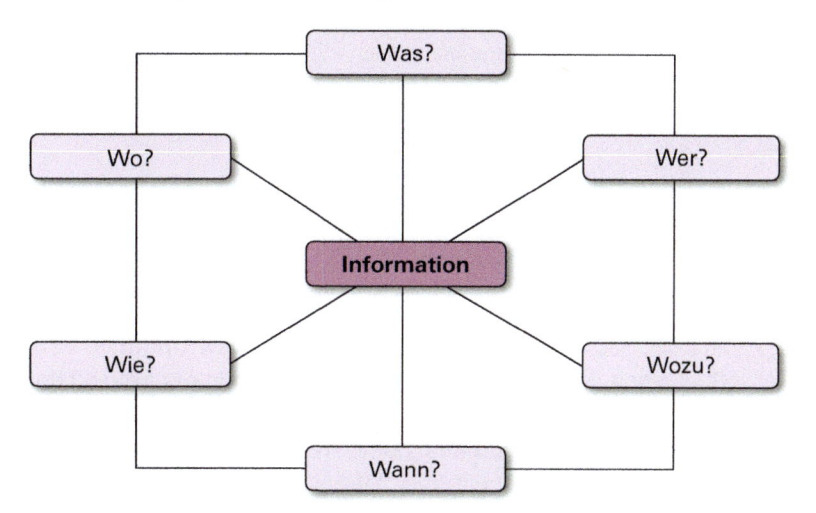

```
            Was?
    Wo?             Wer?
          Information
    Wie?            Wozu?
            Wann?
```

Die Checkliste in Abb. 8-3 unterstützt Sie beim Formulieren vollständiger Informationen.

Abb. [8-3]   Checkliste für das Formulieren vollständiger Informationen

Was?	• Was ist das Thema, das Problem oder die Situation? • Was war die Ursache / der Auslöser? • Was ist zu tun?
Wer?	• Wer ist wovon direkt / indirekt betroffen? • Wer ist verantwortlich, wer muss / kann was konkret tun?
Wozu?	• Wozu dient die Information; was soll sie bewirken? • Warum ist die Information nötig?
Wann?	• Wann ist was zu tun? • Wann folgen weitere Informationen?
Wie?	• Wie ist vorzugehen? • Wie sind welche Vorgaben oder Verhaltensregeln einzuhalten?
Wo?	• Wo ist was zu tun?

8.3.3   Verständlich informieren

Im Gespräch erhalten wir eine direkte Rückmeldung, ob der Inhalt der Äusserung verstanden wird. Bei der Ein-Weg-Kommunikation in Form eines E-Mails, einer internen Mitteilung, eines Briefs usw. hingegen gibt es diese **Rückmeldung nicht direkt und / oder nicht unmittelbar.** Umso wichtiger ist es deshalb, dass solche Mitteilungen möglichst klar, d. h. verständlich verfasst sind.

Eine sprachlich kompetente und korrekte Formulierung ist für die Verständlichkeit der Information entscheidend:

- Wählen Sie **treffende Worte** für das, was Sie inhaltlich vermitteln wollen.
- Verwenden Sie eine **einfache Sprache.** Verzichten Sie auf schwer verständliche Fachbegriffe und Fremdwörter und auf komplizierte Sätze. Die Zuhörenden und Lesenden sollen Ihre Botschaft auf Anhieb verstehen können.
- Bauen Sie Ihre Gedanken so **folgerichtig** auf, dass sie auch für die Zuhörenden und Lesenden einen logischen Sinn ergeben und gut nachvollziehbar sind.
- Die integrierte Korrekturhilfe unterstützt das fehlerfreie Schreiben gemäss den **Grammatik-** und **Orthografieregeln** (Rechtschreibregeln).
- Unterstützen Sie die Schilderung von komplexeren Sachverhalten zusätzlich mit eingängigen **Grafiken** oder **Beispielen.**

Eine Botschaft lässt sich allerdings nicht nur mit Worten vermitteln. Manchmal ist sie in Verbindung mit einer **konkreten Handlung** viel aussagekräftiger.

Beispiel Die Gero AG stellt Präzisionsinstrumente her. Der Produktionsleiter erläutert seinem Team, warum das Qualitätsmanagement einen solch hohen Stellenwert hat. Er nimmt eine Schraube in die Hand und erklärt, dass eine einzige mangelhafte Schraube genüge, damit die Präzisionswaage am Ende des Produktionsprozesses unbrauchbar sei. Alle Mitarbeitenden haben augenblicklich verstanden, welchen Beitrag jeder Einzelne zur Qualität des Endprodukts leistet.

8.3.4 Verhältnismässig informieren

Informationen beeinflussen die Sach- und die Beziehungsebene der Zusammenarbeit:

- Auf der **Sachebene** ermöglichen Informationen, **optimale Leistungen** zu erzielen. Die Gewissheit, angemessen informiert zu sein, wirkt motivierend und steigert die individuelle Leistungs- und Verantwortungsbereitschaft.
- Auf der **Beziehungsebene** befriedigen Informationen das **Zugehörigkeitsgefühl** als menschliches Grundbedürfnis. Wer sich ausreichend informiert fühlt, identifiziert sich stärker mit seinen Aufgaben und seinem Umfeld.

Neben der Verständlichkeit von Informationen ist deshalb auch deren Verhältnismässigkeit zu beachten. Überlegen Sie sich, wer welche Informationen in welchem Umfang und Detaillierungsgrad von Ihnen braucht. Finden Sie das richtige Mass zwischen dem Zuviel und Zuwenig an Information:

- **Zu viel Informationen** verarbeiten zu müssen, ist **zeitraubend**. Die dafür beanspruchten Denkkapazitäten könnten wir anderweitig besser einsetzen. Zudem laufen wir Gefahr, den **Überblick zu verlieren** oder den Inhalt nur noch **oberflächlich aufzunehmen.** Dann übersehen oder überhören wir wichtige Details.
- **Zu wenig Informationen** können zu **Doppelspurigkeiten, Verzögerungen** und **Mehrkosten** führen. Wir müssen wiederholt nachfragen, bis uns alles klar ist, oder ziehen falsche Schlüsse und müssen nachträglich korrigieren. Auf Dauer wirken Informationsdefizite **frustrierend.** Wir fühlen uns ausgeschlossen oder nicht ernst genommen.

8.4 Medieneinsatz

Bei jeder Information stellt sich die Frage nach dem dafür am besten geeigneten Medium. Je nach Anlass, Inhalt und Empfänger passt ein Anruf, ein Gespräch vor Ort, ein E-Mail, eine Kurznachricht, ein Brief usw. am besten.

Das Medium soll die **inhaltliche Botschaft verstärken.** Wird es falsch gewählt, kann der Empfänger sich so brüskiert fühlen, dass er ausserstande ist, den eigentlichen Inhalt der Nachricht zu erfassen.

Beispiel Als Affront (persönliche Beleidigung) gilt, eine langjährige Zusammenarbeit auf Auftragsbasis per Kurznachricht zu kündigen, dies ungeachtet der rechtlichen Zulässigkeit.

8.4.1 Mündlich oder schriftlich?

Grundsätzlich ist zu entscheiden: Soll ich diese Mitteilung mündlich oder schriftlich machen?

Eine Kommunikationsregel lautet: **Der Laut ist flüchtig, die Schrift ist dauerhaft.** So erreicht eine mündliche Äusserung nur den Empfänger, der in diesem Moment zuhört, und bleibt nur so lange zusammenhängend haften, als es das Kurzzeitgedächtnis erlaubt. Eine schriftliche Nachricht dagegen kann Raum und Zeit überbrücken. Für wichtige und präzise Inhalte empfiehlt sich daher die Schriftform.

Die **mündliche Form** ist direkter, individueller, schneller und auch knapper. Als Sender muss ich lediglich in Worte fassen, was für den Empfänger nicht sowieso offensichtlich ist. Ich erkenne über dessen nonverbalen Signale **sofort, wie meine Botschaft angekommen ist,** und kann allfällige Missverständnisse ausräumen. Der Empfänger kann direkt nachfragen, wenn ihm etwas unklar ist.

Die **schriftliche Form** gilt grundsätzlich als verbindlicher, dauerhafter und präziser. Sie ermöglicht es, längere oder inhaltlich schwierige Informationen auch an einen **grösseren Empfängerkreis** zu übermitteln, den Inhalt klarer zu strukturieren, präziser zu formulieren und besser zu veranschaulichen. Ich kann mir die **Formulierung in Ruhe überlegen,** sie überdenken, korrigieren und ergänzen. Ein Nachteil der schriftlichen Form ist die **Gefahr von Fehlinterpretationen** aufgrund der Ein-Weg-Kommunikation. Es fehlt das unmittelbare Feedback des Empfängers.

Bei emotional **heiklen und negativen Botschaften** oder im **Zweifelsfall** ist zunächst immer der persönliche, **mündliche Kontakt** vorzuziehen.

Abb. [8-4]   Medien für die schriftliche und mündliche Information

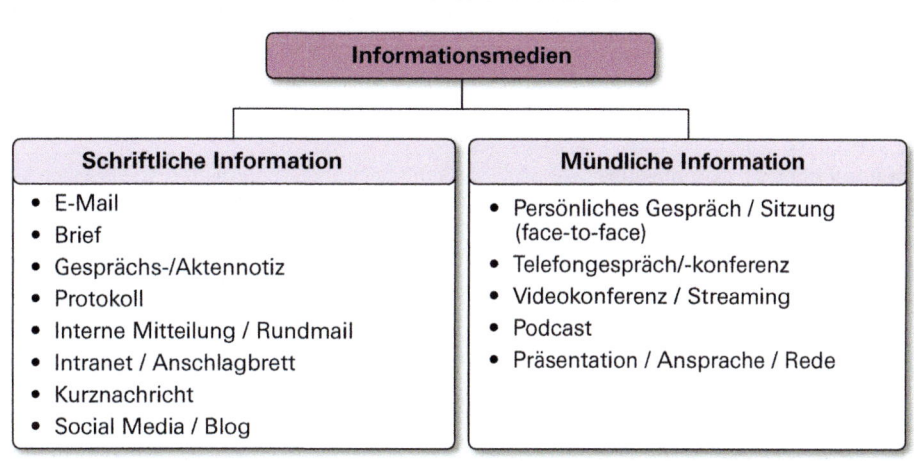

Informationsmedien

Schriftliche Information	Mündliche Information
• E-Mail • Brief • Gesprächs-/Aktennotiz • Protokoll • Interne Mitteilung / Rundmail • Intranet / Anschlagbrett • Kurznachricht • Social Media / Blog	• Persönliches Gespräch / Sitzung (face-to-face) • Telefongespräch/-konferenz • Videokonferenz / Streaming • Podcast • Präsentation / Ansprache / Rede

8.4.2 Kriterien für die Wahl des Informationsmediums

Die Wahl des geeigneten Informationsmediums soll auf den **Informationszweck** und den **Empfängerkreis** abgestimmt sein. Dabei stellen sich unter anderem die folgenden Fragen:

- An wie viele Personen geht die Mitteilung?
- Müssen alle Empfänger diese Mitteilung in identischem Wortlaut erhalten?
- Wie dringend oder heikel ist der Inhalt dieser Mitteilung – handelt es sich um Informationen, die sofort überbracht oder sehr emotional aufgefasst werden könnten?
- Wie ausführlich müssen die einzelnen Informationen erfolgen, damit sie die Empfänger nachvollziehen können?

In der nachfolgenden Tabelle sind einige wichtige Kriterien für den Medieneinsatz bei Informationen aufgelistet.

Abb. [8-5] Medieneinsatz bei Informationen

	Kriterium	Erklärung
Mündlich	Dringlichkeit	In Situationen, in denen jede Stunde zählt, wird die direkte, mündliche Form gewählt. Meist ist es nämlich besonders wichtig, die Reaktion des Empfängers sogleich zu erfahren.
	Betroffenheit	Je einschneidender eine Information für den Empfänger ist, desto eher sollte sie mündlich erfolgen. Im Gespräch lässt sich eine Botschaft einfühlsamer formulieren und eine spontane emotionale Reaktion besser auffangen. In bestimmten Fällen, wie z. B. bei einer schlechten Botschaft, empfiehlt es sich, diese auch noch schriftlich nachzureichen.
	Diskretion	Um etwas vertraulich zu behalten, die persönliche Würde zu wahren oder einen Gesichtsverlust zu vermeiden, werden diskrete Informationen zunächst mündlich im direkt betroffenen Kreis behandelt.
Schriftlich	Gesetzliche / formelle Anforderungen	Auf jeden Fall schriftlich sind alle Mitteilungen zu verfassen, die bestimmten rechtlichen Anforderungen genügen müssen oder auf andere Weise einen offiziellen Charakter haben. In manchen Fällen ist ihre Form sogar vorgegeben, die Schriftstücke werden zudem meist über einen längeren Zeitraum aufbewahrt.
	Verbindlichkeit	Verbindliche Anweisungen müssen sachlich nachvollziehbar und kontrollierbar sein und sollten daher schriftlich erfolgen.
	Wichtigkeit	Die Unterscheidung zwischen «must have» und «nice to have» beeinflusst die Wahl des Informationsmediums. Je wichtiger die Mitteilung ist, desto eher wird der formellere Weg der Schriftlichkeit gewählt, weil dieser eine präzisere und gezielte, einheitliche Formulierung erlaubt.
Mündlich und / oder schriftlich	Komplexität	Je vernetzter und komplizierter eine Fragestellung ist, desto eher wird sie zunächst einmal mündlich behandelt. Verständnisfragen können so effizienter geklärt werden. Zur Präzisierung empfiehlt es sich, komplexe Inhalte schriftlich nachzureichen, etwa als Projektauftrag.
	Erreichbarkeit	Die mündliche Information ist effizienter, wenn alle Empfänger vor Ort anwesend sind. Komplizierter wird dies, wenn räumliche Distanzen und allenfalls auch Zeitverschiebungen überwunden werden müssen. In einem solchen Fall wird häufig die indirekte mündliche Form (Video oder Videokonferenz) mit einer nachfolgenden schriftlichen Information gewählt.

Hinweis   Die Anforderungen an die schriftliche Kommunikation im Geschäftsalltag vertiefen wir im Compendio-Lehrmittel «Schriftliche Kommunikation – Leadership-Modul für Führungsfachleute». Wir gehen auf die wichtigsten sprachlichen Grundkenntnisse ein und geben zahlreiche Anwendungstipps anhand von typischen Schriftstücken aus der Praxis.

8.5 Visualisieren

Die visuelle Darstellung einer Botschaft ist ein wichtiges Gestaltungselement bei der mündlichen und schriftlichen Kommunikation. Sie steigert die **Aufnahmefähigkeit** und die **Behaltensleistung** beträchtlich: Unser Gehirn kann eine Information besser verarbeiten, wenn das Gezeigte das Gehörte unterstützt.

Wenn Sie sich Gedanken zur Visualisierung von Inhalten machen, halten Sie sich vor Augen: Es geht keineswegs darum, möglichst viele Grafiken, Tabellen und Illustrationen einzubauen. Vielmehr müssen Sie das **richtige Mass an visueller Unterstützung** für das finden, was Sie inhaltlich vermitteln wollen.

Zur Visualisierung zählen Gestaltungsgrundlagen für Texte, Grafiken und Symbole, Diagramme und Tabellen.

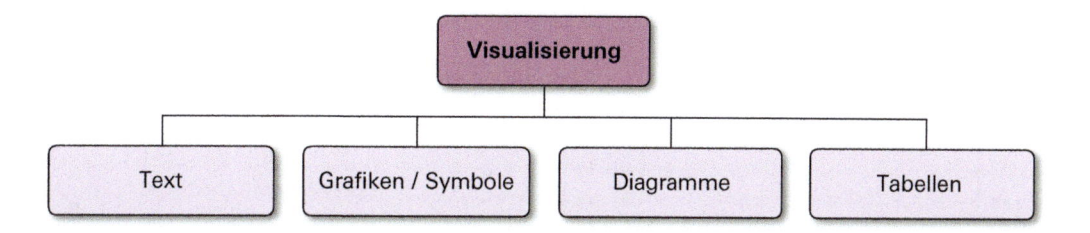

Abb. [8-6]   Visualisierung

```
                    Visualisierung
        ┌──────────┬─────┴─────┬──────────┐
      Text   Grafiken / Symbole  Diagramme   Tabellen
```

8.5.1 Text

Buchstaben sind auch eine Form der visuellen Darstellung. Achten Sie deshalb bei textlichen Aufzeichnungen auf folgende Grundsätze zum **Schriftbild** und zur **Anordnung**:

- Gross- und Kleinbuchstaben sind besser lesbar als nur GROSSBUCHSTABEN.
- Druckschrift ist besser lesbar als *Schreibschrift (zusammenhängende Buchstaben)*.
- Besonders bei längeren Texten ist gerade Schrift besser lesbar als *kursive (schräge) Schrift*.
- Text analog zu unseren Lesegewohnheiten anordnen: von links oben nach rechts unten.

8.5.2 Grafiken und Symbole

Grafiken und Symbole dienen dazu, Informationen schnell und einprägsam zu übermitteln. Die Betrachtenden sollen eine Mitteilung auf einen Blick erfassen können. Deshalb gilt bei grafischen Darstellungen und Symbolen der Grundsatz **«Weniger ist mehr»**:

- Setzen Sie **Farben** und **Formen** eher spärlich ein. Verzichten Sie auf ein kunterbuntes Durcheinander von Farben und Formen.
- Überladen Sie eine grafische Darstellung nicht, setzen Sie **Text nur stichwortartig** ein.
- Beschränken Sie sich auf möglichst **einfache Darstellungsformen.**
- Ein **einheitliches Layout** (Erscheinungsbild) dient der Strukturierung, deshalb bei gleicher Bedeutung die gleichen Farben oder Formen verwenden.
- Verwenden Sie **eindeutige Symbole,** wie z. B. «++» für besonders positiv, bekannte **Piktogramme** (international standardisierte Bildsymbole), wie z. B. den Totenkopf als Symbol für «Gift».
- Auch **Farben** können Sie symbolisch einsetzen, wie z. B. die Farbe Rot für Achtung!, Gefahr, Negatives, die Farbe Grün für Hoffnung, Positives.

8.5.3 Diagramme

Mit Diagrammen zeigen Sie die **Verhältnisse einzelner Zahlen** zueinander auf, wie z. B. als Vergleichswerte, als Entwicklungsverläufe über eine bestimmte Zeit hinweg, als Anteile an einem Ganzen usw.:

- Das **Kurvendiagramm** eignet sich für die Darstellung von **Entwicklungsverläufen** (Trends), wie z. B. Umsatz- oder Kostenentwicklung, Fluktuationsraten usw.
- Das **Säulendiagramm** eignet sich für die **Gegenüberstellung** von zwei oder mehreren absoluten Grössen, wie z. B. Umsatz oder Kosten (in CHF), Fluktuation (Anzahl Mitarbeitende) usw. Das Balkendiagramm ist eine Alternative zum Säulendiagramm; die Werte werden waagrecht (als Balken) dargestellt.
- Das **Kreisdiagramm** eignet sich für die Darstellung des **Ganzen (100%) und seiner Anteile,** wie z. B. die Umsatz- oder Kostenanteile der verschiedenen Produktgruppen, der Anteil an Austritten am Gesamt-Personalbestand usw. Das Kreisdiagramm wird auch als Kuchendiagramm bezeichnet.

Für alle Diagrammformen gilt: Beschriften Sie die Achsen, die Skalierung (Massstab für die Unterteilung einer Achse) sowie die Legenden.

Abb. [8-7]   Kurven-, Säulen- und Kreisdiagramm

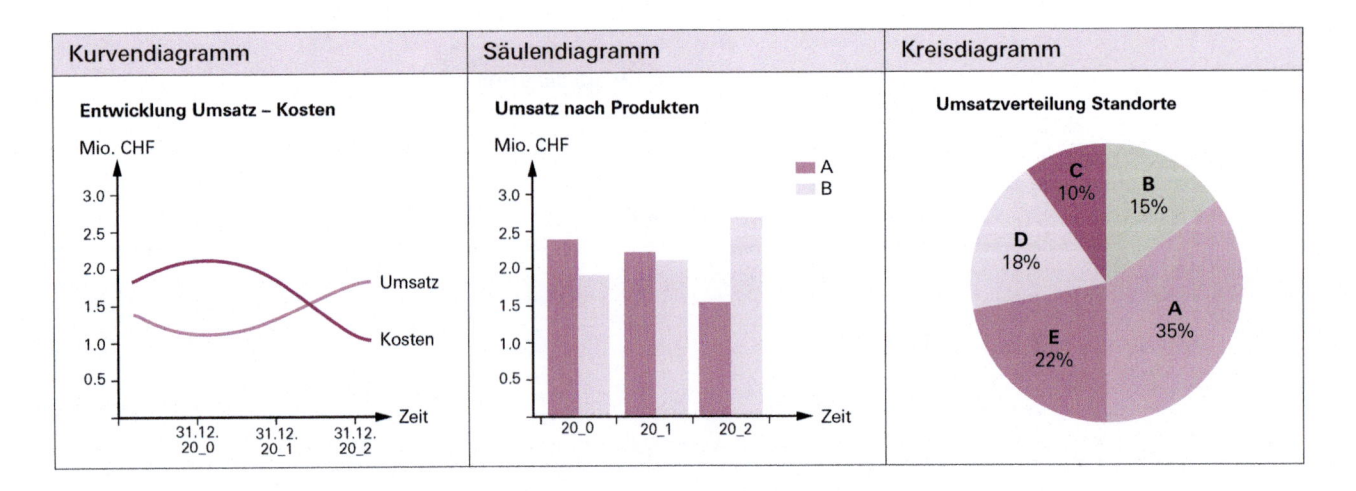

Kurvendiagramm	Säulendiagramm	Kreisdiagramm
Entwicklung Umsatz – Kosten	Umsatz nach Produkten	Umsatzverteilung Standorte

8.5.4 Tabellen

Tabellen stellen eine **Reihe von Zahlenwerten** zusammenhängend und übersichtlich dar. Sie ermöglichen den raschen **Vergleich** zwischen den Wertreihen oder -spalten.

Sie erleichtern das Lesen von Tabellen, wenn Sie die Spalten- und Zeilenköpfe beschriften, die verwendeten Masseinheiten (%, CHF, Std., km usw.) angeben und einzelne Werte speziell kennzeichnen (Summe, Total, grosse Abweichungen usw.).

Abb. [8-8]   Tabelle (Beispiel eines Projektkostenplans)

Kostenart	Teilprojekt P-1 (in CHF)	Teilprojekt P-2 (in CHF)	Teilprojekt P-3 (in CHF)	Total Projekt (in CHF)
Personal intern	8 000	7 000	3 000	18 000
Personal extern	2 000	1 500	1 000	4 500
Raumkosten	500	500	500	1 500
IT-Kosten	500	9 500	7 500	17 500
Sonstige Kosten	1 200	1 100	500	2 800
Summe (in CHF)	12 200	19 600	12 500	44 300

Zusammenfassung

Informieren ist das **zielgerichtete, zweckgebundene Senden von Signalen**. Der Austausch zwischen Sender und Empfänger findet nicht immer direkt oder unmittelbar statt. Umso wichtiger ist es, dass sich der Sender von Informationen auf die Bedürfnisse des Empfängers einstellt.

Anforderungen an das Informieren:

Anforderungen	Zu beachten
Sachgerecht	• Informationsmanagement betreiben. • Zwischen Muss- und Soll-Informationen für die jeweilige Aufgabe unterscheiden (unerlässliche und entbehrliche Informationen). • Spezifische Informationen als Bringschuld der Führungsperson, allgemeine Informationen als Holschuld der Mitarbeitenden. • Externe und interne Information aufeinander abstimmen.
Adressatengerecht	• Stufengerecht: angepasst an die Bedürfnisse. • Vollständig gemäss den 6 W-Fragen: Was? Wer? Wozu? Wann? Wie? Wo? • Verständlich: angepasst an das Verständnis der Empfänger. • Verhältnismässig: im richtigen Mass.

Ein adäquater **Medieneinsatz** bedeutet, das passende Medium für den Anlass, den Inhalt und den Empfängerkreis zu wählen. Bei der Frage nach der mündlichen oder schriftlichen Information gelten die folgenden Entscheidungskriterien:

- **Mündlich:** Dringlichkeit, Betroffenheit, Diskretion
- **Schriftlich:** gesetzliche / formelle Anforderungen, Verbindlichkeit, Wichtigkeit
- **Mündlich und / oder schriftlich:** Komplexität, Erreichbarkeit

Gelungene **Visualisierungen** erhöhen die Aufmerksamkeit und die Behaltensleistung:

- **Text:** Schriftbild und Anordnung
- **Grafiken und Symbole:** Farben, Formen, Layout, Piktogramme (Bildsymbole)
- **Diagramme:** visuelle Darstellung von Zahlenverhältnissen (Vergleiche, Entwicklungen, Anteile usw.)
- **Tabellen:** zusammenhängende Darstellung von Zahlenreihen

Repetitionsfragen

25 Welche Anforderungen an die sach- und die adressatengerechte Information werden in den folgenden Beispielen missachtet? Begründen Sie Ihre Einschätzung stichwortartig.

A] Die Mitarbeitenden beklagen sich, dass sie die für ihre Arbeit relevanten Informationen oft erst auf Nachfragen hin erhalten.

B] Nach dem Prinzip «offen und transparent kommunizieren» werden im Unternehmen viele E-Mails an einen möglichst grossen Empfängerkreis verschickt.

C] Auszug aus einer Personalbroschüre betreffend Mobbing: «Eskalierende Konversationsmuster manifestieren sich typischerweise in provozierendem, verbalem Argumentieren oder in der dezidierten Demonstration nonverbaler Signale …»

D] Die Mitarbeitenden stufen Aufträge als nicht wichtig ein, die keine Angaben zum eigentlichen Zweck des Auftrags und zum Erledigungstermin enthalten.

26	Herrscht in Ihrem Arbeitsumfeld eher die Meinung vor, dass Informationen eine Holschuld oder dass sie eine Bringschuld sind?
	Begründen Sie Ihre Einschätzung mit zwei bis drei anschaulichen Beispielen.
27	Wählen Sie für die folgenden Mitteilungen die mündliche oder die schriftliche Form? Begründen Sie Ihre Wahl stichwortartig.
	A] Reklamation an einen langjährigen Lieferanten
	B] Projektauftrag an einen Mitarbeiter
	C] Absage an eine Mitarbeiterin, die sich intern um eine ausgeschriebene Stelle beworben hat
	D] Bitte an einen Mitarbeiter um Stellungnahme zu einem kritischen Kunden-Feedback
28	Welche Visualisierungsform wählen Sie für die folgenden Informationen?
	A] Die Entwicklung der Absatzzahlen einer Produktgruppe über die letzten sechs Monate
	B] Die Personalbestände der zehn Filialen in den Monaten Juni und Dezember
	C] Die Marktanteile der wichtigsten Wettbewerber im Absatzmarkt Schweiz

Praxisaufgaben

1	**Richtig informieren**
	Sie haben sich in diesem Kapitel mit den wichtigsten Anforderungen an das richtige Informieren befasst. Vergleichen Sie diese Informationsgrundsätze nun mit Ihrer Praxis.
	Beurteilen Sie drei konkrete Informationsbeispiele aus Ihrem Arbeitsumfeld, die Sie kürzlich erhalten oder selbst verfasst haben, aufgrund der nachfolgenden Kriterien:
	Ist diese Information
	- sachgerecht?
	- vollständig?
	- adressatengerecht?
	- verständlich?

Teil C
Präsentation

Einstieg

Philippe hat sich seit Wochen auf seine Präsentation vorbereitet: Er will der neuen Geschäftsleitung seine Vorschläge für eine Neuorganisation des Vertriebs aufzeigen. Für ihn ist dieser Auftritt auch persönlich wichtig, schliesslich erhält man nie eine zweite Chance für den ersten Eindruck! Philippe überlegt sich sehr genau, wie er sämtliche Vorschläge mit stichhaltigen Argumenten erhärten und die vorgeschlagenen Massnahmen mit detaillierten Zahlen belegen kann. Mehrmals übt er die Präsentation ein und verändert einige inhaltliche Details, bis sie schliesslich seinen hohen Ansprüchen genügt. – Sein Auftritt vor der Geschäftsleitung verläuft aus seiner Sicht ganz gut. Seine Vorschläge und Argumente haben wohl überzeugt, denn Fragen bleiben keine offen. Zufrieden setzt sich Philippe hin.

Nun ist Sarah an der Reihe mit ihrer Präsentation. Verblüfft stellt Philippe fest, dass die Geschäftsleitung ihr von Beginn an gespannt zuhört und ihre Ausführungen mehrmals mit Kopfnicken oder einem Schmunzeln quittiert. Sarah bringt es sogar fertig, dass ihr die versammelte Runde bei einem deutlich vorgebrachten Kritikpunkt merkbar zustimmt. Philippe fragt sich: «Was in aller Welt macht Sarah so viel besser als ich?»

Eine seriöse Vorbereitung allein garantiert nicht den Präsentationserfolg. Trotz eines Versprechers oder einer kurzen technischen Panne kann die Präsentation insgesamt sehr gut ankommen. Immer wieder zeigt sich, dass die Wirkung einer Präsentation weniger von den Sachinformationen abhängt als vielmehr von der Art und Weise, wie Sie diese präsentieren. Ob es Ihnen gelingt, das Publikum in Ihren Bann zu ziehen, hat viel mit Ihrer persönlichen Ausstrahlung und Echtheit zu tun. Daneben braucht es aber auch viel solides «Handwerk»: Ihre Kernbotschaften festlegen, den Inhalt bedürfnisgerecht zusammenstellen, kompetent aufbereiten und rhetorisch geschickt und ansprechend «verpacken».

In diesem Teil des Lehrmittels gehen wir auf die Anforderungen an eine wirksame Präsentation sowie auf einige wichtige Gestaltungstipps ein.

9 Präsentation vorbereiten

Lernziele — Nach der Bearbeitung dieses Kapitels können Sie …

- das schrittweise Vorgehen bei der Vorbereitung einer Präsentation aufzeigen.
- die Rahmenbedingungen einer Präsentation festlegen.
- den Inhalt einer Präsentation zielgerichtet konzipieren und ansprechend aufbereiten.
- die Vor- und Nachteile ausgewählter Präsentationsmedien nennen.

Schlüsselbegriffe — Einladung, Emotionalisierung, Foliengestaltung, Gliederung der Präsentation, Inhaltskonzeption, Kernbotschaften, Medieneinsatz, Online-Präsentation, organisatorische Vorbereitung, Präsentationsform, Präsentationsmedien, Proben, Publikum, Raum, Recherche, rhetorische Stilmittel, Sitzordnung, Spickzettel, sprachliche Bilder, Storytelling, Strukturieren, Thema, Zeitmanagement, Ziel

Was macht eine gute Präsentation aus? Sie lebt von der jeweiligen Situation, vom Inhalt, vom Publikum und vor allem von Ihnen, der präsentierenden Person. Sie gelingt, wenn der **Inhalt,** den Sie vermitteln wollen, mit Ihrer **Art zu präsentieren** (mit der Rhetorik bzw. der Präsentationstechnik) zusammenpasst und wenn Ihre **persönliche Ausstrahlung** beim Publikum überzeugend und echt ankommt. Überzeugend und authentisch wirken Sie, wenn das Gesagte und Gezeigte mit Ihrem Auftreten, Ihrer Körpersprache und Ihrer Stimme übereinstimmen.

Abb. [9-1] **Erfolgskomponenten einer Präsentation**

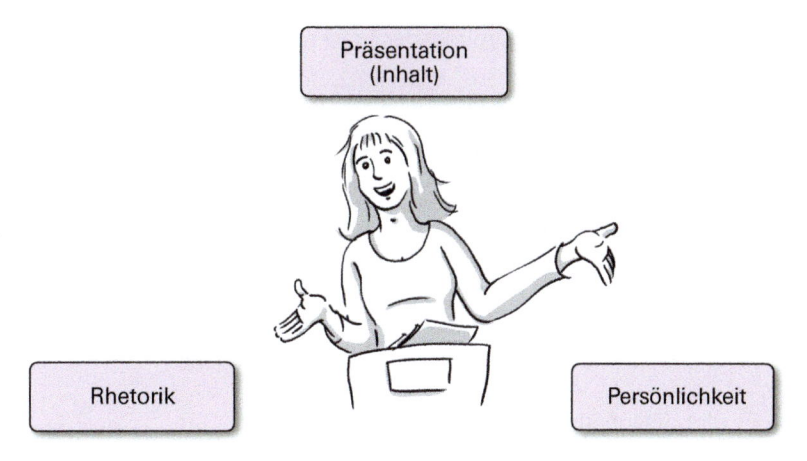

Wir alle kennen aber auch Präsentationen, die uns als Publikum nicht überzeugt haben, etwa, weil wir

- die überfüllten Folien an der Leinwand nicht lesen konnten.
- uns von der Flut von Folien erschlagen fühlten.
- nicht wussten, was diese Präsentation bezwecken sollte.
- keinen Zusammenhang zwischen dem Gesagten und Gezeigten erkennen konnten.
- uns über die massiv überzogene Redezeit geärgert haben.

Eine hundertprozentige Garantie auf Erfolg gibt es nicht. Sie können jedoch bereits viel zum Erfolg beitragen, wenn Sie eine Präsentation gut vorbereiten und dabei einige wichtige Techniken beherzigen.

In den folgenden Abschnitten gehen wir deshalb auf die wichtigsten Aufgaben bei der organisatorischen, inhaltlichen und persönlichen Vorbereitung einer Präsentation ein.

9.1 Rahmenbedingungen klären

Für manche Präsentationen erhalten Sie einen ziemlich **klaren Auftrag:** Beispielsweise dürfen Sie einem Kunden ein bestimmtes Produkt- oder Dienstleistungsangebot vorstellen oder dem Steuerungsausschuss den Projekt-Zwischenbericht erläutern. Sie erhalten mehr oder weniger genaue Angaben, wer Ihr Publikum ist, welches Zeitbudget Sie zur Verfügung haben, wann und wo Sie auftreten sollen.

Bei anderen Anlässen sind diese Rahmenbedingungen noch **teilweise unklar** oder Sie können sie sogar **selbst festlegen.**

In jedem Fall lohnt es sich, dass Sie den organisatorischen Rahmen Ihrer Präsentation genauer abstecken, bevor Sie sich an die inhaltliche Vorbereitung machen.

Abb. [9-2]   **Organisatorischer Rahmen**

```
                    Organisatorischer Rahmen
           ┌──────────────┬──────────┬──────────────┐
    Thema und Ziel    Publikum      Zeit       Ort / Medien
```

9.1.1 Thema und Ziel

Im Geschäftsalltag ist das Präsentationsthema vielfach bereits vorgegeben. Trotzdem müssen Sie es selbst noch **schärfen** oder **eingrenzen.** Wenn Sie zu einem Referat eingeladen werden, sprechen Sie den Schwerpunkt der Präsentation natürlich mit Ihrer Auftraggeberin ab.

Beispiel   «Das Personalrestaurant von heute» ist als Thema zu vage formuliert. Geht es in der Präsentation um

- das gastronomische Konzept eines modernen Personalrestaurants?
- allgemeine Trends in der Personalverpflegung?
- Qualitätsverbesserungsmassnahmen im Restaurantbetrieb?
- wirtschaftliche Aspekte der Betriebsführung?

Das Thema ist noch nicht das Ziel Ihrer Präsentation. Fragen Sie sich deshalb: Was genau will ich mit meiner Präsentation beim Publikum erreichen?

Es gibt drei übergeordnete **Präsentationsziele:**

- **Informieren:** Sie wollen Ihr Wissen zu einem bestimmten Thema oder wichtige Informationen zu einer Situation oder einem Ereignis erläutern und verankern.
- **Überzeugen:** Sie wollen Ihr Publikum für ein Anliegen begeistern, für ein Angebot oder eine neue Sichtweise gewinnen.
- **Aktivieren:** Sie wollen Ihr Publikum zu einer bestimmten Entscheidung bringen, zu einer vertieften Auseinandersetzung mit dem Thema anregen oder eine konkrete Handlung bewirken.

Beispiel   Jonas ist eingeladen, seine Projektidee an der nächsten Geschäftsleitungssitzung zu präsentieren. Er will die Geschäftsleitung von der Projektidee überzeugen und formuliert deshalb für sich als Präsentationsziel: «Die Geschäftsleitung gibt mir das Okay zum Projektauftrag.»

9.1.2 Publikum

Thema und Ziel der Präsentation müssen auf Ihr Publikum zugeschnitten sein. Nur so gewinnen und behalten Sie seine Aufmerksamkeit während Ihres Auftritts. Überlegen Sie sich bei der Vorbereitung gut, wer Ihr Publikum ist und welches Vorwissen, welche Interessen, Einstellungen und Erwartungen es mit dem Präsentationsthema verbindet.

Die folgenden Fragen helfen Ihnen, sich ein genaueres Bild von Ihrem Publikum zu machen:

- Wie viele Personen nehmen an der Präsentation voraussichtlich teil?
- Wer ist mein Publikum: je nach Anlass z. B. Funktion im Unternehmen oder beruflicher Hintergrund, Lebensumstände, Alter usw.?
- Welche Vorkenntnisse über das Thema darf ich voraussetzen?
- Welche Interessen und Einstellungen verbindet das Publikum mit dem Thema?
- Welche Erwartungen hat das Publikum an meine Präsentation?

9.1.3 Zeitrahmen

Die meisten Präsentationen dauern zwischen 10 und 30 Minuten.

In der Regel wird Ihnen das Zeitbudget vorgegeben. Dieses müssen Sie unbedingt einhalten. Es zu missachten, wirkt unhöflich gegenüber dem Publikum und wertet Ihren Auftritt ab. Das ist auch der Fall, wenn Sie das Zeitbudget selbst bestimmen dürfen und sich nicht an Ihre eigene Ankündigung halten.

Als Faustregel gilt: Höchstens 10% der veranschlagten Präsentationszeit dürfen unter- oder überschritten werden, jedoch nie mehr als 3 Minuten.

Achten Sie deshalb schon beim Einüben der Präsentation genau darauf, wie lange Sie dafür brauchen. Kalkulieren Sie besser ein Zeitpolster für Unvorhergesehenes während der Präsentation ein, wie z. B. für spontane Fragen aus dem Publikum.

9.1.4 Raum und Medien

Achten Sie bei der Raumwahl auf ein angenehmes Ambiente und auf eine angemessene Raumgrösse. Der Veranstaltungsort sollte gut erreichbar und der Raum gross genug für die erwartete Teilnehmerzahl sein.

Als Sitzordnung wird für Präsentationen vor einer Kleingruppe bis etwa 20 Personen meist die «U-Form» gewählt, für grössere und Grossveranstaltungen die «Kino-Bestuhlung».

Prüfen Sie, welche Präsentationsmedien für den Veranstaltungsraum geeignet sind und dort zur Verfügung stehen. Nötigenfalls müssen Sie diese noch selbst organisieren. Kontrollieren Sie auch die vorhandene technische Infrastruktur, wie Stromanschlüsse, Internet- und Geräteverbindungen.

9.2 Organisatorische Vorbereitung

Eine gute Organisation macht zwar noch keine erfolgreiche Präsentation aus, aber organisatorische Mängel können die Gesamtwirkung der Präsentation erheblich beeinträchtigen.

Bei längeren Veranstaltungen müssen Sie regelmässige Pausen einplanen und unter Umständen auch das Verpflegungsangebot organisieren (Getränke, Pausen- oder Apérohäppchen usw.).

Falls Sie eine spezielle **Einladung** zur Präsentation verschicken, geben Sie alle für die Teilnehmenden wichtigen Informationen rechtzeitig bekannt:

- Thema der Präsentation
- Name der präsentierenden Personen
- Zeitpunkt und Dauer
- Ort mit Angaben zu den öffentlichen Verkehrsverbindungen, Parkplätzen usw.
- Erwartungen an die Teilnehmenden (z. B. welche Unterlagen sie mitbringen oder wie sie sich auf die Präsentation vorbereiten sollen)

9.3 Inhalt konzipieren

Eine Präsentation ist so gut wie ihre Vorbereitung. Als Richtlinie gilt: Die **inhaltliche Vorbereitung** beansprucht rund **50-mal mehr Zeit** als die Präsentation selbst. Rechnen Sie also auch bei einer Kurzpräsentation von 10 Minuten mit einem Vorbereitungsaufwand von rund einem Arbeitstag.

Die inhaltliche Konzeption umfasst die Präsentationsform, die Inhaltsrecherche, den inhaltlichen Aufbau und die Medienwahl.

Abb. [9-3]   **Inhaltliche Konzeption einer Präsentation**

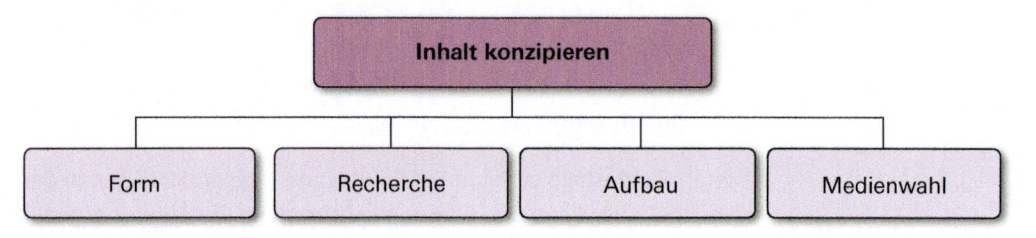

```
                    Inhalt konzipieren
        ┌──────────┬──────────┬──────────┐
       Form    Recherche    Aufbau   Medienwahl
```

9.3.1 Präsentationsform

Bei einer klassischen Präsentation stehen Sie physisch vor dem Publikum und erläutern das Thema.

Daneben gibt es jedoch noch weitere Präsentationsformen, bei denen der Zeitdruck in der Regel deutlich grösser ist. Nachfolgend stellen wir Ihnen die bekanntesten kurz vor. Bei all diesen Formen müssen Sie Ihr Präsentationsziel besonders klar vor Augen zu haben: Wollen Sie das Publikum informieren, überzeugen oder aktivieren?

A] Online-Präsentation (Videokonferenz)

Die Aufmerksamkeitsspanne am Bildschirm ist kleiner als bei einer physischen Präsentation. Deshalb dauert eine Online-Präsentation in der Regel **höchstens 10 bis 15 Minuten**. Meist zeigen Sie **Folien** über Ihren Bildschirm und setzen allenfalls noch ein **virtuelles Whiteboard** ein.

B] Elevator Pitch und Themen-Pitch

Das englische Wort «Pitch» bedeutet unter anderem ein Wurf im Sport, «Elevator» eine Aufzugs- oder Liftfahrt. Demzufolge ist ein **Elevator Pitch** eine Kürzestpräsentation von **höchstens einer Minute,** d. h. von der Dauer einer Liftfahrt, während der Sie das Publikum von einer Idee, einem Produkt oder Projekt überzeugen sollen. Es stehen **keine technischen oder visuellen Hilfsmittel** zur Verfügung. Eine möglichst **griffige Kernaussage** zu finden, ist beim Elevator-Pitch daher erfolgsentscheidend.

Ein **Themen-Pitch** dauert mit **drei bis fünf Minuten** etwas länger. Er sollte **maximal drei Kernaussagen** zu einem bestimmten Thema enthalten, mit denen Sie das Publikum zu überzeugen vermögen. Unterstützende Hilfsmittel, wie z. B. Folien, sind dabei erlaubt.

C] Ad-hoc-Stellungnahme

In einer Sitzung oder Besprechung werden Sie spontan aufgefordert, möglichst kurz **Stellung zu einem bestimmten Thema** zu nehmen. Stehen Sie dazu möglichst auf, um Ihre Wirkung zu vergrössern.

Der Merksatz für den Aufbau einer solchen Ad-hoc-Stellungnahme lautet: «Sag ihnen, was du sagen wirst. – Dann sag es ihnen. – Dann sag ihnen, was du gerade gesagt hast.» Das heisst:

- Leiten Sie in wenigen Worten zu Ihrer Stellungnahme ein.
- Begründen Sie kurz Ihre Meinung oder Haltung, Ihren Standpunkt oder Ihre Schlussfolgerungen.
- Fassen Sie Ihre Stellungnahme in wenigen Worten nochmals zusammen.

D] Pecha Kucha

Pecha Kucha stammt aus Japan und bedeutet so viel wie «andauernd reden». Bei dieser betont schnellen Präsentationsform geht es darum, insgesamt **20 Bilder oder Grafiken** zu kommentieren, die jeweils nur **20 Sekunden sichtbar** bleiben. Daraus ergibt sich eine maximale Sprechzeit von 6 Minuten und 40 Sekunden. Danach ist der Pecha Kucha in jedem Fall beendet.

9.3.2 Recherchieren

Bevor Sie mit der inhaltlichen Aufbereitung der Präsentation beginnen, müssen Sie sich vertieft in das Thema einarbeiten. Recherchieren Sie gründlich und sammeln Sie möglichst viele Informationen dazu. Sie sollten über Ihr Thema **mindestens doppelt so viel wissen** wie das, was Sie später präsentieren werden. Mögliche Recherchequellen sind fachspezifische Informationsportale, Wikipedia, Internet-Suchmaschinen, News- und Zeitungsportale im Internet, das Intranet sowie Bücher, wissenschaftliche Publikationen, aber auch der Austausch mit erfahrenen Kollegen und Fachexpertinnen.

«Nur wer bewegt ist, kann bewegen.» Vielleicht müssen Sie über ein Thema sprechen, das Sie nicht richtig fesselt oder bei dem Sie inhaltlich nicht ganz sattelfest sind. In einem solchen Fall ist es umso wichtiger, dass Sie es auf jene Punkte **eingrenzen,** die auch für Sie besonders **interessant** und **bedeutsam** sind. Wenn Sie Ihr eigenes Interesse entdecken, können Sie es anderen besser vermitteln.

Beispiel

Gregory leitet den Kundendienst. Er fühlt sich bei der Analyse von Erfolgskennzahlen schnell unsicher. An der nächsten Teamsitzung soll er die Quartalsergebnisse seiner Abteilung kommentieren.

Gregory überwindet seine Abneigung und befasst sich intensiv mit der Kennzahlenanalyse. Dabei entdeckt er spannende neue Zusammenhänge und entwickelt Ideen, wie er diese besonders anschaulich aufzeigen könnte.

9.3.3 Aufbau: Inhalt strukturieren

Die Präsentation gliedert sich in die Einleitung, den Hauptteil und den Schluss. Als zeitliche Gewichtung hat sich dabei ein ungefähres Verhältnis von **10 : 85 : 5** bewährt.

Abb. [9-4] Zeitliche Aufteilung einer Präsentation

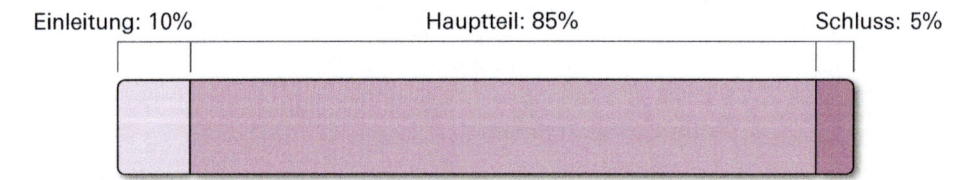

Einleitung: 10%   Hauptteil: 85%   Schluss: 5%

A] Einleitung

Der Einstieg in das Thema soll das Publikum neugierig machen und seine Aufmerksamkeit wecken. Es lohnt sich deshalb, dass Sie sich gründlich mit einem **packenden Einstieg** befassen. Dafür gibt es verschiedene Möglichkeiten, wie z. B.:

- Ein eindrückliches oder aussergewöhnliches Erlebnis
- Ein anschauliches Beispiel aus der Praxis
- Ein treffender Vergleich
- Ein aktuelles oder ein besonderes Ereignis
- Ein grelles Schlagwort oder eine auffällige Schlagzeile
- Ein für alle erstaunlicher Zahlenwert oder eine überraschende Tatsache
- Eine rhetorische Frage
- Ein passender Gegenstand

B] Hauptteil

Im Hauptteil stellen Sie das eigentliche Thema Ihrer Präsentation **zielorientiert** vor.

Konzentrieren Sie sich zunächst auf die **Kernbotschaften:** Was wollen Sie dem Publikum unbedingt vermitteln? Was soll auch nach Abschluss der Präsentation haften bleiben? Womit wollen Sie die Aufmerksamkeit des Publikums gewinnen?

Arbeiten Sie **drei Kernbotschaften** heraus, die Sie beim Publikum verankern wollen. Verteilen Sie diese so, dass Sie die Aufmerksamkeit stets hoch halten können:

- die erste unmittelbar nach der **Einleitung,**
- die zweite ungefähr in der **Hälfte** der Präsentationszeit und
- die dritte gegen **Ende des Hauptteils.**

Durch Ihre Ausführungen muss sich ein **roter Faden** ziehen, damit das Publikum Ihnen folgen kann. Überlegen Sie sich auch, wie Sie das Gesagte **visuell unterstützen** können, indem Sie z. B. Schlagworte projizieren, Grafiken oder Bilder zu Ihren Erläuterungen einsetzen.

C] Schlussteil

Zum Abschluss **verankern** Sie noch einmal Ihre **Kernbotschaften** beim Publikum. Bleiben Sie prägnant und anschaulich. Holen Sie nicht zu weit aus und zerreden Ihre Botschaften.

Stimmen Sie den Schlussteil mit Ihrem **Präsentationsziel** ab:

- Informieren: Die wichtigsten Aussagen für das Publikum nochmals zusammenfassen und Ihr Fazit ziehen.
- Überzeugen: Das Publikum zur weiteren Auseinandersetzung anregen.
- Aktivieren: Das Publikum zum Handeln auffordern.

Falls im Anschluss an die Präsentation eine **Frage- oder Diskussionsrunde** geplant ist, grenzen Sie diese klar von der Präsentation ab, indem Sie eine Kurzpause einschieben.

9.3.4 Präsentationsmedien auswählen

Der Medieneinsatz gehört zum «Abc» der Präsentationstechnik. Überlegen Sie sich, wie Sie den Inhalt Ihrer Präsentation gezielt medial unterstützen können. Beachten Sie dabei als Faustregel: **Weniger ist oft mehr!** «Ersticken» Sie Ihre Kernbotschaften nicht mit einer «Folienschlacht» und strapazieren Sie die Aufnahmefähigkeit des Publikums nicht durch den Einsatz von allerlei unterschiedlichen Medien.

Weitere Auswahlkriterien sind:

- **Zeitbudget:** Für eine Kurzpräsentation von zehn Minuten eignen sich Videosequenzen oder andere aufwendige Einspielungen eher nicht. Beschränken Sie sich besser auf wenige Folien oder Bilder.
- **Raum:** Das Publikum muss die von Ihnen präsentierten Folien oder Videos, Ihre Notizen auf dem Whiteboard oder auf den Pinnwandkärtchen uneingeschränkt verfolgen können. Sonst geht seine Aufmerksamkeit rasch verloren. Achten Sie deshalb auf die
    - **Lichtverhältnisse:** Prüfen Sie die Lichteinstrahlung und verdunkeln Sie den Raum, um die an die Wand projizierten Bilder für alle sichtbar zu machen.
    - **Akustik:** Prüfen Sie im Voraus die Tonqualität von Video- und Tonaufnahmen und benutzen Sie bei Bedarf ein Mikrofon, damit Sie das Publikum besser hören kann.
    - **Sitzordnung:** Verwenden Sie nur Medien, die alle Teilnehmenden ohne grösseres Stühlerücken direkt sehen können.
- **Publikum:** Berücksichtigen Sie auch die Vorlieben Ihres Publikums. Stützen Sie sich dabei auf Ihr persönliches Gefühl und Ihre Erfahrungen mit der Wirkung bestimmter Medien ab.

Abb. [9-5]   Medieneinsatz in Präsentationen

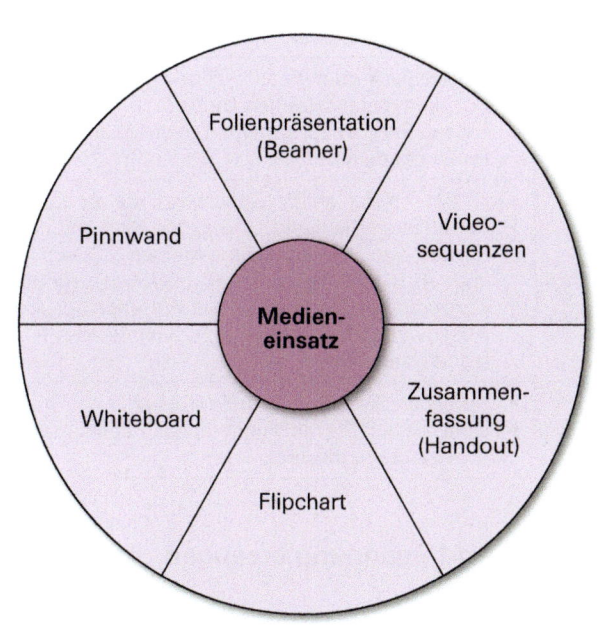

Für die Präsentation vor **grösserem Publikum** eignen sich die **Folienpräsentation** über den Beamer oder **Videosequenzen** sowie die Abgabe einer **Zusammenfassung** (Handout).

In Workshops, Teamsitzungen oder bei einer Präsentation vor kleinerem Publikum werden häufig auch das **Flipchart,** das **Whiteboard** und die **Pinnwand** verwendet. Darauf können Sie Stichworte zu Ihren Ausführungen, zu den Wortmeldungen oder Diskussionsbeiträgen aus dem Publikum laufend notieren, ergänzen und verändern.

9.4 Inhalt aufbereiten

Sie haben den Präsentationsinhalt entworfen. Nun bereiten Sie ihn auf: Sie schreiben Texte, stellen Folien zusammen, zeichnen Grafiken usw. Sie können sprachliche und technische Mittel gezielt nutzen, um die Aufmerksamkeit des Publikums zu verstärken:

- Gut strukturierte, leicht verständliche, prägnante und anregende Ausführungen wirken überzeugend.
- Rhetorische Stilmittel, sprachliche Bilder und Storytelling wecken Emotionen.
- Anschauliche Darstellungen machen das Gesagte besser einprägsam.

9.4.1 Verständlich präsentieren

Sie müssen sich sprachlich treffend ausdrücken, damit das Publikum Ihren Erläuterungen und Argumenten folgen kann. Die kompetente sprachliche «Verpackung» Ihrer **Kernbotschaften** in Wort und Schrift bildet die Grundlage einer verständlichen Präsentation. Dafür gelten dieselben Kriterien wie bei der verständlichen Information (s. Kap. 8.3.3, S. 83).

Abb. [9-6]　Verständlich präsentieren

Einfach und klar	Verwenden Sie bei Ihrer Präsentation eine möglichst gut verständliche und somit einfache Sprache: • Beherzigen Sie das Prinzip KISS: «Keep it short and simple» (kurz und einfach halten). • Brillieren Sie mit klaren Worten. Verzichten Sie auf Modewörter sowie komplizierte Fach- und Fremdwörter. • Richten Sie sich auch sprachlich nach dem Publikum, damit es sich angesprochen fühlt.
Strukturiert	• Bauen Sie Argumentationsketten so logisch auf, dass sie auch das Publikum nachvollziehen kann. • Fassen Sie kurz zusammen, bevor Sie zu einem nächsten wichtigen Punkt überleiten.
Prägnant	• Halten Sie sich an das Sprichwort: «In der Kürze liegt die Würze!» • Formulieren Sie direkt. Vermeiden Sie Konjunktivsätze (Möglichkeitsformen, wie z. B. «Ich würde meinen ...», «Es könnte sein ...») und vage Aussagen, wie z. B. «ein bisschen», «unter Umständen» usw. • Konzentrieren Sie sich auf das Wesentliche, vermeiden Sie unnötige Abschweifungen, die vielleicht Sie interessant finden, das Publikum jedoch langweilen.
Anregend	• Sprechen Sie das Publikum direkt an. • Überraschen Sie mit einem für das Publikum witzigen, spannenden oder provokanten Einschub.

9.4.2 Emotionen und Spannung erzeugen

Eine anregende, lebendige Präsentation vermag das Publikum zu bewegen. Diese Emotionalisierung spielt vor allem in der **Einleitung** und im **Schlussteil** eine wichtige Rolle. Bauen Sie jedoch solche Emotionen bewusst auch in den Hauptteil ein. Sie vergrössern damit die Chance, dass man Ihnen aufmerksam und gespannt zuhört.

Sprachliche Bilder, das Storytelling und rhetorische Stilmittel sind sprachliche Techniken, mit denen Sie Emotionen beim Publikum wecken können. Sie beruhen auf der Erkenntnis, dass das menschliche Gehirn für emotionale Geschichten und Bilder besonders empfänglich ist. Wir können uns erwiesenermassen **besser und länger** an diese Botschaften **erinnern** als an die Sachinformationen. Sprachliche Bilder und Business-Storytelling sind darum in der Werbung und in der Unternehmenskommunikation allgegenwärtig.

Die nachfolgende Abbildung zeigt schematisch die unterschiedliche Bedeutung von Emotionen in den drei Präsentationsphasen Einleitung, Hauptteil und Schluss.

Abb. [9-7]   Emotionen wecken

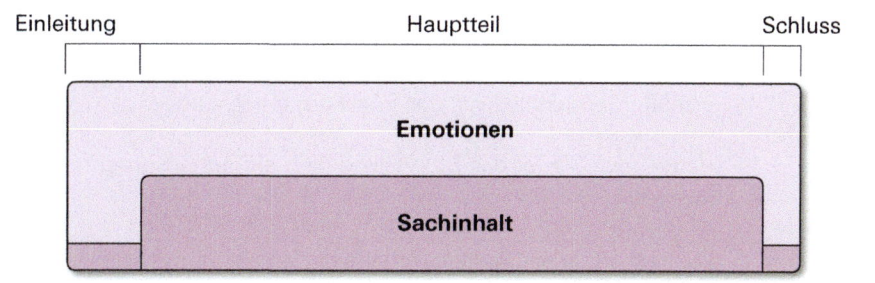

A] Sprachliche Bilder

Sprachliche Bilder wirken stark auf der Beziehungsebene und helfen Ihnen dabei, Ihre Inhalte und Fakten anschaulich zu präsentieren. Sie finden Sie am besten, indem Sie Analogien zu Ihren Inhalten suchen. Dabei können die folgenden Fragen Ihnen helfen:

Vermitteln Sie wichtige Sachinhalte mithilfe von eingängigen **sprachlichen Bildern**. Dank bildhaften **Vergleichen (Metaphern)** und **Ähnlichkeiten (Analogien)** entsteht bei den Zuhörenden und Lesenden ein «Bild im Kopf». Ihre Botschaft wird eindrücklich und bleibt länger haften. Sprachliche Bilder werden **in Worten ausgedrückt**. Zeigen Sie sie nicht als Bild, das wäre verwirrend.

Die folgenden Fragen helfen Ihnen, passende sprachliche Bilder zu finden:

- Das ist doch wie …?
- Wie sieht das aus?
- Wie ist es denn?
- Was könnte das auch noch sein?

Beispiel — Dieses Problem ist äusserst komplex. Uns darüber noch weiter den Kopf zu zerbrechen, bringt uns nicht voran. Deshalb wollen wir nun Nägel mit Köpfen machen …

B] Storytelling

Business-Storytelling beruht auf **traditionellen Formen der Erzählung,** die wir aus Filmen, TV-Serien, aus der Unterhaltungsliteratur (Belletristik), aus Legenden, Theaterstücken, Musicals usw. kennen. Die Story bzw. Geschichte dient als illustrierendes Beispiel für einen Inhalt, den Sie einprägsam vermitteln und beim Publikum verankern möchten.

Eine gute Geschichte braucht eine **Hauptfigur,** mit der sich das Publikum identifizieren kann. Diese können Sie selbst sein oder auch eine andere Person.

Ein weiteres zentrales Element einer Geschichte ist der **Spannungsaufbau.** Eine klassische Vorgehensweise dafür ist das **3-Akte-Schema,** das auf den griechischen Philosophen Aristoteles (384–322 v. Chr.) zurückgeht. Nach dieser gängigen und recht einfachen Methode können Sie anregende Geschichten in Ihre Präsentationen einbauen:

- **1. Akt – Einleitung:** Die Hauptfigur, die Situation und die Begleitumstände kurz vorstellen.
- **2. Akt – Hauptteil:** Die Hauptfigur stösst auf Schwierigkeiten, z. B. auf Widerstand oder eine Bedrohung. Spannung entsteht und sie wächst an bis zum dramatischen Höhepunkt. Diesen Spannungsverlauf braucht es, damit das Publikum weiterhin aufmerksam der Geschichte folgt.
- **3. Akt – Schlussteil:** Ende gut, alles gut! Die Hauptfigur meistert die Schwierigkeiten. Die Geschichte wird aufgelöst und endet (meist) positiv, d. h. als Happy End. Das Publikum wird aus der zuvor erzeugten Spannung (Dramatik) entlassen. Dieses positive Gefühl hilft, die Botschaft der Geschichte zu verarbeiten und die Aufmerksamkeit des Publikums für die weiteren Ausführungen aufrechtzuerhalten.

Das Storytelling können Sie auch für kurze beispielhafte Geschichten nutzen. Sie müssen jedoch immer Emotionen durch typische Spannungsmomente wecken, einen Höhepunkt einbauen und danach die Geschichte auflösen. Ausserdem muss die Geschichte einen **Bezug zum Sachinhalt** haben, den Sie vermitteln wollen. Eine nicht einleuchtende oder schlecht erzählte Geschichte lässt das Publikum ratlos zurück.

Verwenden Sie für das Storytelling eine **einfache Sprache:** treffende Worte und kurze, einfache Sätze.

Die nachfolgende Darstellung zeigt die Verbindung zwischen dem Sachinhalt und der Emotionalisierung im 3-Akte-Schema.

Abb. [9-8] **Storytelling: Spannungsaufbau gemäss dem 3-Akte-Schema**

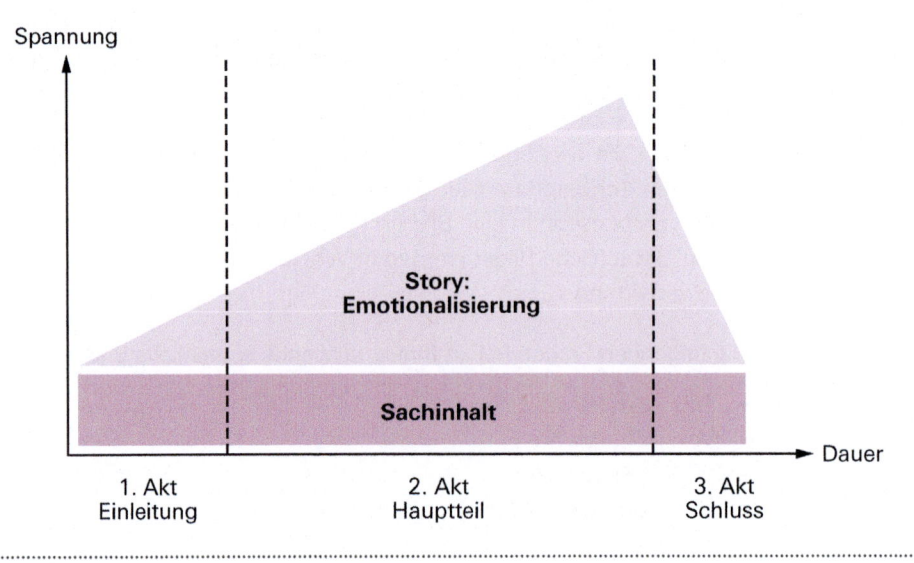

Diagramm: Spannung (y-Achse) über Dauer (x-Achse) mit dreieckiger Fläche «Story: Emotionalisierung» und darunterliegendem Rechteck «Sachinhalt». Abschnitte: 1. Akt Einleitung, 2. Akt Hauptteil, 3. Akt Schluss.

Beispiel

Antonietta beginnt ihre Präsentation zu den Umsatzergebnissen mit folgenden Worten:

«Kürzlich flog ich nach langer Zeit wieder einmal. Auch wenn ich es nur noch selten tue; ich fliege wirklich unheimlich gerne! Am liebsten in die Ferien: Am Meer liegen, die Sonne geniessen, einen Drink in der Hand und ein gutes Buch …

Unser Flieger war schon vor einer Weile gestartet. Etwa eine halbe Stunde waren wir in der Luft – plötzlich habe ich dieses unheimliche Gefühl des freien Falls in die Tiefe. Mir wird richtig flau im Magen. Schon fallen die Sauerstoffmasken von der Decke herunter. Würden wir jetzt abstürzen?!

Etwa so ist es mir auch ergangen, als ich unsere Verkaufszahlen vom letzten Monat gesehen habe: Wir sind um 18% eingebrochen gegenüber dem Vorjahr!

Zum Glück war es nur ein Luftloch, durch das der Flieger geflogen war. Nichts war passiert – ausser ein wenig Durcheinander in der Kabine. Langsam begann der Flieger wieder zu steigen.

Und bei unseren Verkaufszahlen? 18% Einbruch sind allerdings etwas mehr als ein Luftloch. Wenn wir den Steuerknüppel nicht in die Hand nehmen, schlingern wir in Richtung Absturz. Zwar scheint es, dass wir inzwischen wieder einigermassen auf Kurs sind – doch haben wir noch viel aufzuholen.

Gerne präsentiere ich Ihnen dazu erste Massnahmenvorschläge. Ein radikales Notfallprogramm müssen wir noch nicht starten. Aber alles dafür tun, dass wir wieder unsere Flughöhe erreichen – und sie in Zukunft auch halten können!»

C] **Rhetorische Stilmittel**

Rhetorik ist die Kunst des Redens und die Kunst, durch Reden zu überzeugen. Nebst den sprachlichen Bildern und dem Storytelling können Sie Ihre Präsentation noch mit weiteren rhetorischen Stilmitteln spannender gestalten. Sie erhöhen das Interesse und die Aufmerksamkeit des Publikums.

In der nachfolgenden Tabelle werden die am häufigsten verwendeten rhetorischen Stilmittel näher vorgestellt. Zusätzlich finden Sie wichtige Tipps zum Einsatz der einzelnen Stilmittel.

Abb. [9-9]   **Rhetorische Stilmittel**

Beispiele	Beispiele helfen dem Publikum, Zusammenhänge besser nachzuvollziehen: • Achten Sie darauf, dass die Beispiele immer einen direkten Bezug zum Thema haben. • Verwenden Sie Beispiele aus der Erfahrungswelt des Publikums.
Anekdoten	Sie schaffen mehr Nähe zum Publikum, wenn Sie eigene Erfahrungen in Ihre Ausführungen einflechten: • Halten Sie Mass und überfrachten Sie Ihre Präsentation nicht mit Geschichten aus Ihrem Leben. • Passen Sie sich bei der Wahl der Anekdoten Ihrem Publikum an, denn unpassende Geschichten können leicht in den «falschen Hals geraten» und Ihre Seriosität infrage stellen.
Zitate	Zitate sind ein häufig benutztes rhetorisches Stilmittel: • Setzen Sie Zitate sparsam ein, sonst wirken sie beliebig. • Zitate müssen passen, die Präsentation bereichern und kurz sein. • Runden Sie die Präsentation ab, indem Sie das Einstiegszitat am Schluss wiederholen.
Humor	Lachen verbindet. Ihre Präsentation mit der richtigen Prise Humor zu würzen, erfordert jedoch viel Fingerspitzengefühl: • Wenn Sie Witze einsetzen, müssen diese zum Thema und auch zum Publikum passen. Deplatzierte Witze hinterlassen beim Publikum einen schalen Nachgeschmack. • Sich auf Kosten anderer zu belustigen, ist respektlos und darum verboten. • Setzen Sie Witze nur spärlich ein: lieber eine gute Pointe als fünf mittelmässige!
Provokation	Auch gezielte Provokationen bauen Spannung auf, müssen aber vorsichtig eingesetzt werden: • Sie müssen die scheinbaren Widersprüche immer auflösen und dürfen das Publikum keinesfalls «hängen lassen». • Provozieren Sie nur, wenn Sie sicher sind, dass dabei niemand persönlich angegriffen wird.

9.4.3 Folien gestalten

Auch eine einprägsame **visuelle Darstellung** hilft, die inhaltliche Botschaft beim Publikum nachhaltig zu verankern. Damit sie ihre Wirkung voll entfalten kann, gilt auch hier die Regel: Weniger ist oft mehr!

Setzen Sie darum **nur wenige Folien** ein: bei Kurzpräsentationen höchstens **eine Folie pro Minute** Präsentationszeit. Je länger die Präsentationszeit, desto weniger Folien sollten Sie im Verhältnis zur Dauer zeigen, also z. B. für 20 Minuten höchstens 12–15 Folien.

In der nachfolgenden Tabelle sind die wichtigsten **Richtlinien für die Foliengestaltung** zusammengefasst. Grundsätzlich gelten für **Flipcharts** dieselben Gestaltungsregeln.

Abb. [9-10]   Richtlinien für die Foliengestaltung

Inhalt	• Grundsätzlich nur **eine Kernbotschaft** oder einen Gedanken pro Folie vermitteln. • **Stichwörter** formulieren, keine ganzen Sätze. Auf «Kleingeschriebenes», wie Fussnoten, Einschübe oder Kommentare, verzichten. • Folien nicht überfrachten. Als Grundregel gilt: **maximal sieben Zeilen Text pro Folie und maximal sieben Wörter pro Zeile.** • **Bildmaterial** sparsam und gezielt einsetzen. Das Auge des Betrachters nicht mit zu vielen Bildern überreizen. • **Grafiken, Diagramme** und **Tabellen** möglichst gross zeigen, damit sie gut lesbar sind, Logos dagegen dezent platzieren.
Schrift und Hervorhebungen	• **Schriftgrösse** der projizierten Bildfläche bzw. der Distanz zu den Lesenden anpassen (Standardschriftgrösse ist 24 Punkt). • **Schriftabstand** mindestens zweizeilig. • **Hervorhebungen** sparsam einsetzen, d. h. wenig Fettauszeichnungen und Unterstreichungen, keine Kursivschriften oder Kapitälchen (verkleinerte Grossbuchstaben). • **Kontrast:** Dunkle Schrift auf hellem Hintergrund ist besser lesbar als helle Schrift auf dunklem Hintergrund.
Farben	• Hohe **Kontraste** bei der Farbwahl beachten (also z. B. nicht Gelb oder Pastellfarben auf einem weissen Hintergrund verwenden, nicht rote Schrift bei einem grünen Hintergrund usw.). • **Beruhigende, augenfreundliche Farben** für den Hintergrund wählen (also z. B. ein mattes Hellblau, Hellgrün oder Hellgelb, nicht die Farben Türkis, Giftgrün oder Orange). • Farben **sparsam** einsetzen, maximal vier Farben gleichzeitig.

9.4.4   Spickzettel

Auf Spickzetteln notieren Sie nur die allerwichtigsten Stichworte zum Inhalt. Sie dienen als **Gedächtnisstütze** und geben Ihnen beim Präsentieren zusätzliche Sicherheit. Ganze Folien, als Handout im Kleinformat ausgedruckt, erfüllen diesen Zweck nicht.

Beachten Sie die folgenden Hinweise zur Aufbereitung von Spickzetteln:

- **Handliches Format:** Bewährt hat sich das Format A6 (Postkartengrösse) auf Halbkarton. Sie können es beim freien Reden gut in einer Hand halten und gleichzeitig die andere Hand für Gesten einsetzen.
- **Gut leserlich:** Verwenden Sie als Schriftgrösse mindestens 16 Punkt.
- **Nummerieren:** So behalten Sie jederzeit die richtige Abfolge im Auge, falls Sie einmal den Faden verlieren oder die Spickzettel aus Versehen durcheinanderbringen sollten.

Nutzen Sie die Spickzettel vor allem für den Hauptteil der Präsentation. Schaffen Sie eine besondere Beziehung zum Publikum, indem Sie die ersten und die letzten Sätze Ihrer Präsentation **auswendig** lernen.

9.5   Online-Präsentation aufbereiten

Eine Online-Präsentation im virtuellen Raum unterscheidet sich von einer physischen Präsentation vor allem darin, dass die menschliche Wahrnehmung auf der Beziehungsebene stark eingeschränkt bleibt. Bei der Aufbereitung des Inhalts für eine Online-Präsentation sind daher einige besondere Hinweise zu beachten.

Gewöhnlich verwenden Sie das **Hauptfenster** der Videokonferenz-Plattform für die Präsentation des **Inhalts.** Als Rednerin oder Redner sind Sie für das Publikum nur in einem **kleinen Fenster am Bildschirmrand** sichtbar. Somit stehen Sie optisch viel weniger im Zentrum der Aufmerksamkeit als bei einer physischen Präsentation.

Unabhängig davon ist die **Aufmerksamkeitsspanne** am Bildschirm deutlich geringer. Bereits nach 10 Minuten beginnen die Augen zu ermüden und die Fähigkeit, aufmerksam zuzuhören, lässt beträchtlich nach. Das Publikum läuft Gefahr, in eigene Gedanken abzuschweifen oder auf andere Bildschirmseiten auszuweichen.

Bei einer längeren **Online-Präsentation** dürfen Sie deshalb **etwas mehr Folien** einsetzen, jedoch auch nicht mehr als eine Folie pro Minute. Der Folienwechsel sorgt für visuelle Abwechslung. Auch bei der Online-Präsentation gehören nur **Stichwörter** auf die Folien und gelten die allgemeinen Richtlinien für die Foliengestaltung.

Bereiten Sie allenfalls einen zweiten, erweiterten und kommentierten Foliensatz als **Handout** vor, den Sie dem Publikum nach der Präsentation zukommen lassen. Ihn vorab abzugeben, ist nicht sinnvoll, da das Publikum oft nur einen Bildschirm zur Verfügung hat. Seine Aufmerksamkeit würde somit noch stärker von Ihnen abgelenkt.

9.6 Präsentation einüben

Selbst erfahrene Referentinnen schreiben ihre Rede wörtlich nieder oder machen dazu ausführliche Notizen und üben sie mehrmals ein. Wenn Sie in Ihrer Präsentation sattelfest sein wollen, kommen Sie nicht um **wiederholte 1 : 1-Proben** herum.

Besonders vor wichtigen oder grösseren Anlässen empfiehlt es sich zudem, eine **Hauptprobe vor Ort** abzuhalten, damit Sie sich auch innerlich optimal einstimmen können. Machen Sie sich mit dem Raum und der Sitzordnung vertraut, sofern Sie die Gelegenheit dazu haben, und klären Sie nochmals alle technischen und organisatorischen Fragen ab.

9.6.1 Vor Publikum proben

Proben Sie **mindestens einmal** – besser drei Mal – **vor Publikum,** d. h. vor einer oder mehreren Personen. Holen Sie gezielt Feedback zu Ihrer Wirkung ein, damit Sie die Erkenntnisse in den nächsten Übungslauf einbauen können. Das gilt für physische Präsentationen ebenso wie für Online-Präsentationen.

Wenn Sie für sich allein proben: **Sprechen Sie laut.** Wie etwa beim Sport gilt: Was Sie nur im Kopf tun, erzielt noch keine Wirkung. Zudem bekommen Sie nur mit dem lauten Vorsprechen eine realistische Vorstellung über die **Zeitdauer,** die Sie für die Präsentation brauchen.

Viele sprechen beim Einüben etwas langsamer als in der Präsentation vor Publikum, weil sich das **Sprechtempo** durch die Nervosität erhöht. Wahrscheinlich brauchen Sie deshalb bei der Probe 5–10% mehr Zeit als bei Ihrem Auftritt.

Üben Sie auch die **Online-Präsentation** vor der **Kamera** mehrmals ein und nehmen Sie diese Proben auf. Für viele ist es ungewöhnlich, direkt in das Kameraauge zu blicken und gleichzeitig konzentriert zu sprechen. Ihr Blick schweift ab, sie reden schneller oder verhaspeln sich. Beim Abspielen der Aufnahmen finden Sie wertvolle Verbesserungspunkte.

9.6.2 Technische Probe der Präsentationsmedien

Nutzen Sie die Hauptprobe auch dazu, den Einsatz der Präsentationsmedien zu üben, damit Sie diese später kompetent bedienen können. Testen Sie alle benötigten **technischen Geräte, Computerprogramme** und **Einspielungen** bereits während der Vorbereitung der Präsentation. So stellen Sie sicher, dass alles so funktioniert, wie Sie es für eine optimale Präsentation brauchen.

Wenn Sie häufig **online präsentieren,** sollten Sie zusätzlich in eine gute **Bildschirmkamera** und in ein gutes **Mikrofon** investieren.

Abb. [9-11]   Anwendungstipps für den Einsatz von Präsentationsmedien

Beamer	• Schwarzfolien (neutrale Seiten mit schwarzem Hintergrund) einsetzen oder Stand-by-Modus wählen, wenn der Beamer nicht gebraucht wird. • Technische Handhabung proben und Datenübertragung Computer–Beamer überprüfen. • Bildqualität im Präsentationsraum prüfen (Lichtverhältnisse, Projektionswand, Sitzordnung). • Grossflächige Bilder mit starkem Kontrast projizieren.
Videosequenzen	• Technisches Einspielen von Videosequenzen und Handhabung der Software mehrmals proben. • Qualität von Bild und Ton im Präsentationsraum prüfen.
Zusammenfassung (Handout)	• Als Dokumentation einer Beamerpräsentation einsetzen, damit auch die hinteren Reihen die Inhalte gut lesen können. • Genügend Exemplare und einige als Reserve mitbringen. • Platz für eigene Notizen berücksichtigen. • Handout mit Zusatzinformationen oder Zusammenfassungen erst nach der Präsentation abgeben.
Whiteboard, Flipchart, Pinnwand	• Gut leserliche Handschrift (Druckschrift) verwenden. • Dicke Stifte und grosse Schrift verbessern Lesbarkeit. • Farben einsetzen, um das Festgehaltene zu gliedern. • Bei Bedarf digitales Speichern sicherstellen (Fotos, Übertragungssoftware auf den Computer).

Zusammenfassung

Die Erfolgskomponenten einer Präsentation sind:

- **Inhalt:** zielgerichtete, gut strukturierte, verständliche und ansprechende Aufbereitung der Kernbotschaften
- **Rhetorik:** professionelle Art zu präsentieren
- **Persönlichkeit:** Ausstrahlungskraft der präsentierenden Person

Jede Präsentation muss sorgfältig vorbereitet sein. Dazu gehören die folgenden Aufgaben:

Rahmenbedingungen	• Thema schärfen und eingrenzen • Ziel: informieren, überzeugen oder aktivieren • Publikum: Vorwissen, Interessen, Einstellungen und Erwartungen • Zeitrahmen • Raum und Medieneinsatz
Organisatorisches	• Pausen, Verpflegungsangebot • Einladung
Inhaltskonzeption	• Präsentationsform: physisch, online oder spezielle Formate • Recherchieren • Inhalt strukturieren: Einleitung (ca. 10%), Hauptteil (ca. 85%), Schluss (ca. 5%) • Präsentationsmedien auswählen
Inhaltsaufbereitung	• Verständlich: treffende und kompetente Sprache • Emotionalisierend und spannend: sprachliche Bilder, Storytelling und weitere rhetorische Stilmittel verwenden • Einprägsam: professionelle Foliengestaltung • Spickzettel als Gedächtnisstütze
Üben	• Mehrmals und vor Publikum einüben, Feedbacks einholen • Einleitungs- und Schlusssätze auswendig lernen • Technische Probe der Präsentationsmedien

Storytelling erzeugt Emotionen und Spannung beim Publikum. Bei einer gut erzählten Geschichte bleibt die Aufmerksamkeit hoch. Die dafür nötigen Bausteine sind:

- **Hauptfigur,** mit der sich das Publikum identifizieren kann
- **Spannungsaufbau** innerhalb der Geschichte, z. B. nach dem 3-Akte-Schema:
  - Einleitung: Einführung in die Hauptfigur und Situation sowie die Begleitumstände
  - Hauptteil: ansteigende Spannung bis zum dramatischen Höhepunkt
  - Schlussteil: Auflösung der Geschichte, meist in Form eines Happy Ends

Die Präsentation kann mit dem bewussten Einsatz von **Präsentationsmedien** unterstützt werden. Die Wahl der Hilfsmittel richtet sich nach dem Zielpublikum, dem Thema, der Präsentationsdauer und nach den Raumverhältnissen. Die bekanntesten Präsentationsmedien sind:

- Folienpräsentation (Beamer)
- Videosequenzen
- Zusammenfassung (Handout)
- Flipchart
- Whiteboard
- Pinnwand

Repetitionsfragen

29 Welche sprachlichen Stilmittel kommen in den nachfolgenden Beispielen zur Anwendung?

A] «Eigentlich sollte Paloma überglücklich sein. Sie hat einen exzellenten Masterabschluss in der Tasche. Doch die 23-jährige Frau aus Buenos Aires kann sich nicht richtig freuen …»

B] «Es ist noch kein Meister vom Himmel gefallen …»

C] «Sobald du für eine Sache Inspiration brauchst, lass es bleiben.» (Elon Musk)

30 Bei einer Einführungsveranstaltung für neue Mitarbeitende stellt der Produktionsleiter seine Abteilung vor. Ganz begeistert von der neuen vollautomatischen Produktionsstrasse erklärt er bis ins letzte Detail, wie die einzelnen computergesteuerten Systeme funktionieren und welche Vorteile die Roboterfertigung gegenüber dem bisherigen Produktionsprozess hat.

Worauf hat der Produktionsleiter bei der Vorbereitung seiner Präsentation zu wenig geachtet?

31 Die Softwareproduzentin Salome vertritt ihr Team bei einem potenziellen Neukunden. Für die Angebotspräsentation sind maximal 12 Minuten vorgesehen. Beim Einüben der Präsentation stellt Salome fest, dass sie dafür ziemlich genau 14 Minuten braucht. Sie fragt sich beunruhigt, ob sie den Inhalt nochmals bearbeiten sollte.

Was empfehlen Sie Salome?

32 Warum gilt für die Aufbereitung der Folienpräsentation der Grundsatz «Weniger ist mehr»?

33 Eine Kollegin fragt Sie: «Ich will mindestens eine provokative Aussage in meine Präsentation einbauen. Was meinst du dazu?»

Was sollte Ihre Kollegin besonders beachten?

34 Welchen Medieneinsatz empfehlen Sie für eine Präsentation von maximal 20 Minuten vor zwölf Teilnehmenden eines Quartiervereins zum Thema «Naturnahe Spiel- und Pausenplätze»?

Praxisaufgaben

1 **Präsentation vorbereiten**

In diesem Kapitel haben Sie erfahren, dass die Vorbereitung ein wesentlicher Erfolgsfaktor für eine gelungene Präsentation ist. Den Kompetenznachweis zu diesem Modul erbringen Sie unter anderem mit einer Kurzpräsentation. Vielleicht machen Sie jetzt den ersten Erfolgsschritt hierzu?

Nehmen Sie die nächste Präsentation, die Sie in Ihrem beruflichen Umfeld halten müssen, oder die Kurzpräsentation für die SVF-Modulprüfung zum Anlass, sich umfassend vorzubereiten.

Erstellen Sie eine Checkliste zu den folgenden Vorbereitungsaufgaben:

- Rahmenbedingungen klären
- Inhalt konzipieren
- Inhalt aufbereiten
- Präsentation einüben

10 Wirkungsvoll präsentieren

Lernziele	Nach der Bearbeitung dieses Kapitels können Sie ...
	• Möglichkeiten für einen besseren Umgang mit Lampenfieber nennen. • die Wirkung der Stimme und der Körpersprache in einer Präsentation erklären. • beschreiben, worauf es bei der Persönlichkeit des Präsentierenden ankommt.
Schlüsselbegriffe	Atem, Ausstrahlungskraft, Auswertung, Bewegung, Einstellung, Feedback, Kleidung, Körpersprache, Lampenfieber, mentale Übungen, Nervosität, Online-Präsentation, persönliche Einstellung, Persönlichkeit, Raumgestaltung, Reflexion, Rhetorik, Stimme, Umgangsformen

Sie haben sich ins Präsentationsthema gründlich eingearbeitet, den Inhalt dem Anlass und Ziel entsprechend konzipiert und professionell aufbereitet, alles organisatorisch Notwendige organisiert und die Präsentation mehrmals eingeübt. Nun kommt der eigentliche «Moment der Wahrheit»: Ihr Auftritt.

10.1 Mit Nervosität umgehen

Es ist so weit: In wenigen Minuten werden Sie ins Rampenlicht vor Ihr Publikum treten. Für viele Menschen ist diese Vorstellung unangenehm. Sie fürchten sich, zu versagen, oder fühlen sich ausgestellt, wenn alle Augen auf sie gerichtet sind. Lampenfieber stellt sich ein.

Etwas Nervosität ist normal und gehört auch für erfahrene Redner und Schauspielerinnen dazu. Diese Anspannung hilft ihnen, sich zu sammeln und sich voll und ganz auf den bevorstehenden Auftritt zu konzentrieren. Die vom Körper ausgeschütteten Stresshormone steigern die Aufmerksamkeit und damit auch die persönliche Präsenz.

Das Lampenfieber kann sich jedoch auch ins beinahe Unerträgliche steigern. Bewusste Atem- und Körperübungen helfen Ihnen, die eigene Nervosität auf ein erträgliches Mass zu reduzieren.

10.1.1 Atem

Reden ist im Grunde genommen ein tönendes Ausatmen. Die Atmung beeinflusst den Klang der Stimme und die Körperhaltung massgeblich. Sie ist dafür mitverantwortlich, wie wir auf andere wirken. Wer oberflächlich und hektisch atmet, wirkt gestresst und verkrampft. Wer hingegen ruhig und tief atmet, wirkt gefestigt und sicher.

Abb. [10-1] **Bewusste Wahrnehmung des Atems**

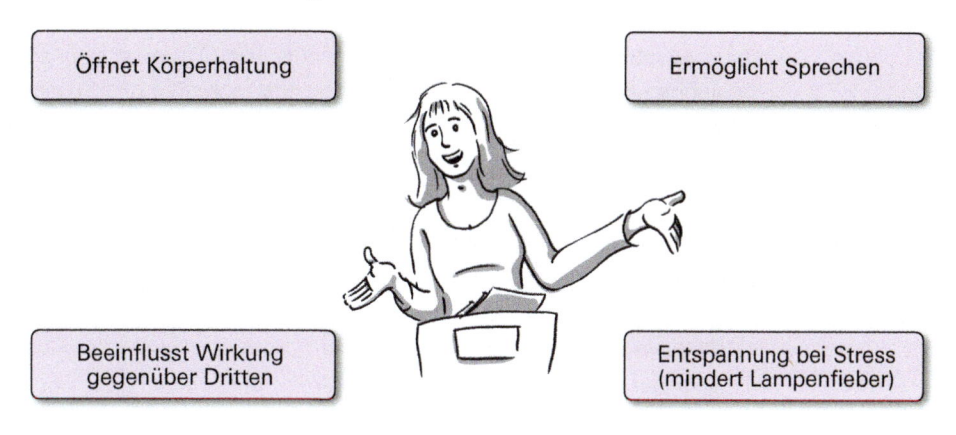

- Öffnet Körperhaltung
- Ermöglicht Sprechen
- Beeinflusst Wirkung gegenüber Dritten
- Entspannung bei Stress (mindert Lampenfieber)

Die bewusste Atmung ist ein mächtiges **Kräftigungs- und Beruhigungsmittel.** Mit jedem Atemzug führen wir unserem Körper frischen Sauerstoff und damit neue Energie zu. Die Atmung erfolgt in drei Phasen:

1. **Einatmen** erfüllt den Körper mit Kraft und Vitalität.
2. Den **Atem anhalten** baut die notwendige Spannung auf.
3. **Ausatmen** zur Entspannung des Körpers und für das Bilden von Sprachsignalen.

Besonders in Stresssituationen, wie z.B. vor einer Präsentation, braucht es deshalb ein **bewusstes Fliessenlassen des Atems,** um mehr Sauerstoff zur Verfügung zu haben und sich innerlich besser sammeln zu können. Dies erreichen Sie mit der **Bauchatmung,** die am Vorwölben bzw. Zusammenziehen der Bauchdecke gut erkennbar ist:

- Beim **Einatmen** bewegt sich das Zwerchfell abwärts. Als Folge davon wölbt sich die Bauchdecke nach vorne.
- Beim **Ausatmen** entspannt sich das Zwerchfell und hebt sich somit. Die Bauchdecke folgt dieser Bewegung und zieht sich zusammen.

Um das Lampenfieber zu senken, atmen Sie möglichst tief aus. Pausieren Sie rund drei Sekunden, bevor Sie durch die Nase wieder einatmen. Achten Sie darauf, mehr Luft auszuatmen, als Sie zuvor eingeatmet haben. Wiederholen Sie diese Atemübung dreimal.

10.1.2 Mentale Übungen

Mit mentalen Übungen beruhigen Sie Ihren aufgeregten Geist und trainieren gleichzeitig Ihre Aufmerksamkeit. Nachfolgend stellen wir Ihnen zwei bewährte einfache Übungen vor, die Sie ohne weitere Hilfsmittel ausführen können.

Wer unter Lampenfieber leidet, hat möglicherweise das Gefühl, den Boden unter den Füssen zu verlieren. Dann ist es wichtig, die **persönliche Standfestigkeit** bewusst zu erfahren:

- Konzentrieren Sie sich ganz bewusst auf Ihre Füsse.
- Denken Sie an nichts anderes, während Sie langsam einige Schritte machen.
- Spüren Sie, wie Ihre Füsse sich heben und senken und wie sie auf dem Boden abrollen.
- Wiederholen Sie diese Übung mindestens eine Minute lang.

Bei Lampenfieber empfinden viele Menschen, sie seien «ausser sich» vor Nervosität. Die nachfolgende Übung dient der **inneren Beruhigung** und der Gedankenfokussierung. Nehmen Sie sich dafür eine Minute Zeit, während der Sie völlig ungestört bleiben:

- Schliessen Sie die Augen.
- Stellen Sie sich vor, zuoberst an Ihrer Kopfmitte ist ein dünner Faden befestigt. Dieser Faden zieht Sie ganz leicht senkrecht nach oben. Spüren Sie den leichten Zug.
- Stellen Sie sich vor, auch an Ihrem Steissbein ist ein dünner Faden befestigt. Spüren Sie, wie er Ihren Rücken ganz leicht senkrecht nach unten zieht. Spüren Sie den Zug beider Fäden gleichzeitig. Atmen Sie tief durch.
- Öffnen Sie wieder die Augen.

Unter Anspannung trocknet der Mund rascher aus. Darum ist es besonders wichtig, in Stresssituationen ausreichend stilles **Wasser zu trinken.** Kaffee und Süssgetränke sind dagegen zu vermeiden, da sie den Mund stärker austrocknen. Mit einer gut befeuchteten Mundhöhle sprechen wir natürlicher. Ein Glas stilles Wasser für die Präsentation bereitzustellen, sorgt nicht nur für mehr physisches Wohlbefinden, sondern hilft auch mental:

- **Unmittelbar vor der Präsentation:** Heben Sie das Glas und trinken Sie langsam ein, zwei kleine Schlückchen. Während Sie sich auf das Trinken konzentrieren, sammeln Sie nochmals kurz Ihre Gedanken, bevor Sie tief durchatmen und zum Sprechen ansetzen.
- **Während der Präsentation:** Der Griff zum Wasserglas hilft bei Bedarf, Ihre Gedanken zu sortieren. Sie gönnen sich auf diese Weise eine kurze Pause und können gleichzeitig Ihre Stimme lösen.

10.2 Souverän präsentieren

In jedem Fall sollten Sie am Tag der Präsentation **frühzeitig vor Ort** sein. So bleibt Ihnen genügend Zeit, sich auf den bevorstehenden Auftritt **persönlich einzustimmen** und alle benötigten Medien und Hilfsmittel nochmals kurz zu überprüfen.

10.2.1 Präsentation durchführen

Während Ihres Auftritts ist Ihre volle Präsenz und Konzentration gefragt. Nachfolgend finden Sie einige wichtige Tipps zum erfolgreichen Präsentieren.

A] Einleitung

Ihnen soll von Beginn an die ganze Aufmerksamkeit gelten:

- Suchen Sie den **Blickkontakt** mit dem Publikum, bevor Sie Ihre Präsentation beginnen.
- Starten Sie auf jeden Fall **pünktlich** und warten Sie nicht, bis alle Teilnehmenden da sind. Lassen Sie sich durch zu spät Eintreffende nicht aus der Ruhe bringen.
- Beginnen Sie so, wie Sie es **auswendig** gelernt haben: mit einem packenden Einstieg.
- **Begrüssen** Sie das Publikum erst nach dem Einstieg. Damit erhöhen Sie die Wirkung Ihrer ersten Sätze und holen das Publikum direkt ab.
- Falls nötig, geben Sie das **Ziel** und den **Ablauf** (Agenda) Ihrer Präsentation bekannt. Bei längeren Präsentationen und bei Lehrveranstaltungen ist dies nach wie vor üblich. So wissen die Zuhörenden, was auf sie zukommt. Bei einer Präsentation von 10 bis 30 Minuten kann darauf verzichtet werden.

B] Hauptteil

Das Publikum folgt interessiert Ihren Ausführungen und nimmt die Kernbotschaften auf:

- Sprechen Sie möglichst frei, setzen Sie jedoch einen «**Spickzettel**» mit den wichtigsten Stichworten ein. Er hilft Ihnen, falls Sie einmal den roten Faden verlieren sollten.
- Setzen Sie kurze **Sprechpausen** ein, dies zugunsten des Publikums, damit es das Gesagte «verdauen» kann, aber auch zu Ihren Gunsten, um sich immer wieder kurz zu sammeln.
- Korrigieren Sie **Versprecher** nur kurz (keine Entschuldigungen) und fahren Sie dann ruhig fort.
- Reagieren Sie auf «**Blackouts**» (Denkblockaden) möglichst natürlich. Knüpfen Sie an das bereits Gesagte an, z. B. mit der Frage: «Wo bin ich stehen geblieben? Ah ja ...»
- Benutzen Sie die **Hilfsmittel** (wie Laserpointer, Kugelschreiber, Folien- oder Zeigestifte usw.) für ihren eigentlichen Zweck, nicht aber als «Spielzeug» gegen Ihre Anspannung.
- Fahren Sie bei unvermittelten **technischen Pannen,** wie z. B. einem Software- oder Internetabsturz, wenn möglich ohne Medieneinsatz fort. Beheben Sie solche Pannen nicht selbst, damit Sie das Publikum nicht warten lassen müssen.
- Wenn Sie bei einer Präsentation vor wenig Publikum «**Seitengespräche**» feststellen, suchen Sie unbeirrt den Blickkontakt mit den Sprechenden.
- Wenn Sie durch **kritische Fragen** aus dem Publikum in eine schwierige Situation geraten, beantworten Sie diese kurz und sachlich und fahren Sie in Ihren Ausführungen fort. Beginnen Sie auf keinen Fall, sich zu rechtfertigen, und lassen Sie sich nicht in einen Schlagabtausch von Argumenten verwickeln.

C] Schlussteil

Mit einem spannenden Abschluss vermitteln Sie dem Publikum einen letzten guten Eindruck:

- Schliessen Sie Ihre Ausführungen so, wie Sie es **auswendig** gelernt haben: mit prägnanten und anschaulichen Kernbotschaften.
- **Bedanken** Sie sich ausdrücklich beim Publikum für die Aufmerksamkeit und übergeben Sie das Wort z. B. der Tagungsleiterin, dem Diskussionsleiter usw.
- Falls Sie **offene Fragen** oder eine **Diskussionsrunde** vorgesehen haben, kündigen Sie diese nicht nur an, sondern berücksichtigen Sie dafür auch genügend Zeit.
- Sofern Sie vom Publikum ein **Spontan-Feedback** einholen wollen, müssen Sie dafür ebenfalls Zeit reservieren.

10.2.2 Stimme einsetzen

Ärger, Nervosität, Freude, Selbstsicherheit ... nichts zeigt Ihre inneren Regungen so unmittelbar wie der **Klang Ihrer Stimme.** Kleidung oder Make-up vermögen das Auge zu täuschen, das **Ohr bleibt unbestechlich.** Mit Ihrer Stimme machen Sie das, was Sie sagen, **lebendig** und geben ihm eine sehr **persönliche Note.** Ihre Worte kommen beim Publikum an.

Erfahrene Radiomoderatorinnen, Schauspieler und Komikerinnen zeigen eindrücklich, wie facettenreich man die Stimme einsetzen kann. Sie bilden ihre Stimme mithilfe von Atemtechniken professionell aus. Dies erfordert ein langjähriges diszipliniertes Üben.

Untersuchungen zeigen, dass **Stimmtrainings** nicht nur die Stimme verändern, sondern auch die Konzentrationsfähigkeit steigern, die persönliche Ausstrahlung verbessern und zu einer grösseren inneren Ruhe führen. Die eigene Stimme zu entwickeln, lohnt sich also mehrfach.

Abb. [10-2]   **Einsatz der Stimme in der Präsentation**

Lautstärke	• Passen Sie die Lautstärke den Raumverhältnissen und dem Publikum an. • Bemühen Sie sich, mit Ihrer Stimme den Raum zu füllen, damit Sie auch in der letzten Reihe gehört werden. • Verändern Sie die Lautstärke bewusst, um grössere Aufmerksamkeit zu erzielen. Eine eher leise vorgetragene Aussage wirkt geheimnisvoll und daher spannend, eine eher laut vorgetragene betont die Wichtigkeit.
Sprechtempo	• Drosseln Sie Ihr Redetempo bewusst, damit Ihnen das Publikum folgen und das Gehörte verarbeiten kann. Die meisten Vortragenden reden zu schnell, besonders, wenn sie einen Text ablesen. • Variieren Sie im Tempo, um dadurch Spannung zu erzeugen. Verlangsamen Sie, um die Spannung zu erhöhen, und beschleunigen Sie, wenn Sie etwas besonders Wichtiges oder Aufregendes mitteilen wollen.
Sprechpausen	• Machen Sie immer wieder kurze Sprechpausen. Nutzen Sie diese bewusst, um eine Aussage zu betonen. • Schliessen Sie jeden Gedankengang mit einer kurzen Pause ab. Damit strukturieren Sie Ihre Ausführungen.
Betonung	• Modulieren Sie die Stimme, indem Sie Worte oder Sätze betonen. • Betonen Sie neue und / oder wichtige Aussagen und setzen Sie dabei auch Fragen oder Ausrufe ein. • Eine angenehme Stimmmelodie beinhaltet verschiedene Tonlagen. Vermeiden Sie Monotonie.
Dialekt	• Passen Sie sich sprachlich dem Publikum an (z. B. durch einen Wechsel in die Schriftsprache, wenn Ihr Dialekt nicht verstanden wird). • Krampfhaft «richtig sprechen» kann auch aufgesetzt wirken. Stehen Sie darum zu Ihrer dialektgefärbten Ausdrucksweise.

10.2.3 Körpersprache

Es gibt keine zweite Chance für den **ersten Eindruck.** Es dauert nur **sieben Sekunden,** bis sich dieser erste Eindruck fest eingeprägt hat – bei Ihnen und beim Publikum. Oft ist in dieser kurzen Zeitspanne noch gar kein Wort gefallen.

Nutzen Sie diese Erkenntnis und unterstreichen Sie Ihre Präsentation mit Ihrer Körpersprache.

Abb. [10-3]   **Körpersprache in der Präsentation**

Körperhaltung	• Stehen Sie hüftbreit und somit standsicher vor dem Publikum. • Signalisieren Sie mit einer aufrechten Haltung und «gutem Bodenkontakt» Selbstsicherheit.
Gestik	• Bewegen Sie sich ruhig und langsam. • Unterstreichen Sie mit Handbewegungen das Gesagte, «fuchteln» Sie aber nicht nervös herum. • Nehmen Sie einen «Spickzettel», um Ihre Hände unter Kontrolle zu halten. • Verschränken Sie nicht die Arme vor oder hinter Ihrem Körper und Ihre Hände gehören nicht in die Taschen. • Spielen Sie nicht mit Hilfsmitteln (wie Kugelschreiber, Zeige- oder Folienstift usw.).
Mimik	• Unterstützen Sie mit Ihrem Gesichtsausdruck, was Sie sagen. • Ein Lächeln öffnet Tür und Tor!
Blickkontakt	• Sprechen Sie zum Publikum und nicht zur Leinwand, zum Flipchart oder ins Manuskript. • Schauen Sie bei kleineren Gruppen jeden Einzelnen direkt an. • Verändern Sie Ihr Blickfeld, wenn Sie in grösseren Gruppen einzelne Personen anschauen wollen. • Schauen Sie im Verlauf der Präsentation insbesondere auf die Personen im Publikum, die Ihnen positiv begegnen. Damit stärken Sie Ihre positive Haltung und gewinnen Sicherheit.

Zur nonverbalen Kommunikation gehört auch die **Bewegung im Raum.** Füllen Sie den Raum auf Ihrer «Bühne» mit Schritten aus. Bleiben Sie jedoch auch immer wieder stehen und sprechen Sie Ihr Publikum aus dieser ruhenden Position an.

Eine Präsentation ist eine öffentliche Veranstaltung, bei der Sie als Rednerin oder Redner im Mittelpunkt des Interesses stehen. Halten Sie deshalb während Ihrer Präsentation eine angemessene **soziale Distanz** ein. Treten Sie nicht zu nahe an einzelne Personen heran.

Vielfach steht Ihnen ein **Tisch** oder ein **Rednerpult** zur Verfügung, auf dem Sie Ihre Unterlagen und Hilfsmittel platzieren können. Versuchen Sie, sich davon zu lösen und mindestens **ein bis zwei Schritte entfernt** zu stehen. Wenn Sie ganz frei im Raum stehen, wirken Sie noch souveräner.

10.2.4 Kleidung und Umgangsformen

Wenn Sie ein Thema präsentieren, präsentieren Sie immer auch sich selbst. Die äussere Erscheinung gehört zum **ersten Eindruck,** den das Publikum von Ihnen gewinnt. Dafür gibt es eine einfache Empfehlung: Denken Sie daran, dass die Zuhörenden immer auch Zuschauende sind!

Die äussere Erscheinung wird stark von der **Kleidung** bestimmt. Kleider gelten als Ausdruck der Persönlichkeit. Wählen Sie immer eine **dem Anlass entsprechende Kleidung** aus. Dabei gilt als Regel «better overdressed than underdressed» (sinngemäss: lieber etwas zu elegant als zu wenig elegant). Gepflegt soll nicht nur die Kleidung sein, sondern auch das Schuhwerk. Achten Sie auch darauf, dass die Accessoires (Krawatte, Schmuck, Brille usw.), das Parfum und das Make-up unaufdringlich wirken.

| Beispiel | • Zur Lancierung eines Trendprodukts kann ein extravagantes Outfit passen.
• An der eher formellen Jahrestagung des Branchenverbands ist ein diskreter Kleidungsstil (Bluse und Hose oder Anzug) angebracht. |
|---|---|

Zur äusseren Erscheinung zählen auch Ihre **Umgangsformen.** Eine der wichtigsten allgemeinen Benimmregeln ist das **höfliche, respektvolle Verhalten** gegenüber Mitmenschen. Sie gilt insbesondere auch für den Auftritt vor Publikum und beschränkt sich nicht auf die Präsentationszeit. Achten Sie auf eine positive, zuvorkommende Wirkung auch bei der Begrüssung und Verabschiedung, in der Fragen- oder Diskussionsrunde sowie in den spontanen Pausengesprächen.

10.3 Persönlichkeit der präsentierenden Person

Ihre Präsentation wirkt nur begrenzt, wenn Ihre Persönlichkeit nicht überzeugt.

Im Zusammenhang mit der Wirkung auf andere verbindet man «Persönlichkeit» oft mit dem **Charisma,** also der **Ausstrahlungskraft** einer Person. Jeder möchte Charisma, wenige haben es. Aber was ist Charisma eigentlich? Das Wort «Charisma» stammt aus dem Griechischen und steht für eine Gottesgabe, die einem Menschen besondere Befähigungen verleiht. Wir nehmen die besondere Ausstrahlung eines charismatischen Menschen wahr, ohne sie genau erklären zu können.

10.3.1 An Ausstrahlungskraft gewinnen

Charisma mag eine spezielle Gabe sein, doch können wir alle aktiv an unserer Ausstrahlungskraft arbeiten. Bei einer Präsentation geht es in erster Linie um **Authentizität,** d. h. um Echtheit und Glaubwürdigkeit in Ihrem Auftreten.

Selbstbewusstsein aufbauen. Selbstbewusste Menschen kennen ihre Stärken und Schwächen und stehen dazu. Sie sind sich ihrer selbst bewusst. Dadurch wirken sie überzeugend. Sie stehen für sich ein und können auch einmal gegen den Strom schwimmen, wenn sie der Ansicht sind, dass die Situation dies erfordert. Mit dieser Haltung überzeugen Sie selbst dann, wenn Sie eine unerfreuliche Botschaft präsentieren müssen.

Optimistisch bleiben. Optimistische Personen verlieren ihre Zuversicht auch in schwierigen Zeiten nicht und schauen positiv in die Zukunft. Dazu gehört auch, manchmal über sich selbst lachen zu können. Auch dann, wenn Ihnen in der Präsentation ein Fehler unterläuft, eine Einspielung nicht klappt oder Sie für einen Moment den Faden verlieren.

Gefühle zeigen. Besondere Energien werden dann freigesetzt, wenn Bauch, Herz und Kopf einer Person involviert sind. Mit anderen Worten: Sie wirken echt und überzeugend, wenn das Publikum Ihr Engagement und Ihre Begeisterung für das Thema erkennt, das Sie präsentieren.

Inneres Gleichgewicht finden. Wer in sich ruht, lässt sich nicht so leicht aus der Ruhe bringen. Das innere Gleichgewicht entsteht aus einem positiven Wechselspiel von Anspannung und Entspannung. Vor und während einer Präsentation helfen die bewusste Atmung und mentale Übungen, das innere Gleichgewicht zu finden und zu behalten.

10.3.2 Persönliche Einstellung finden

Ihre Ausstrahlungskraft hängt stark mit Ihrer inneren Einstellung zusammen. Stimmen Sie sich deshalb auf jede Präsentation von Neuem ein.

Abb. [10-4]   Persönliche Einstellung finden

Innere Vorbereitung	• Stellen Sie sich mental auf eine gute, erfolgreiche Präsentation ein. • Stimmen Sie sich darauf ein, dass das Publikum Ihnen wohlgesinnt ist und sich auf Ihre Präsentation freut. • Sie haben die Präsentation mehrfach geübt. Lassen Sie sie auch vor Ihrem geistigen Auge ablaufen. • Stellen Sie sich auch mögliche kritische oder schwierige Situationen vor und überlegen Sie sich, wie Sie darauf reagieren wollen. • Besichtigen Sie den Raum und nehmen Sie ihn «für sich ein». • Entspannen Sie sich bewusst (z. B. durch genügend Schlaf, eine Kurz-Meditation oder durch einen Spaziergang an der frischen Luft).
Ihr Auftritt – wenn die Stunde schlägt	• Atmen Sie tief durch. • Freuen Sie sich auf die Möglichkeit, Ihre Gedanken mitzuteilen. • Nutzen Sie Ihren Handlungsspielraum, wenn Sie präsentieren. • Konzentrieren Sie sich auf jene Menschen im Raum, die positiv reagieren. Damit stärken Sie Ihre eigene positive Energie und verhindern, dass negative Reaktionen Sie aus dem Gleichgewicht bringen.
Nachbearbeitung	• Reflektieren Sie selbstkritisch, aber wohlwollend Ihre Leistung. • Wägen Sie die positiven und negativen Aspekte ab, die Ihnen in Ihrer Präsentation aufgefallen sind oder die Sie als Feedback von Ihrem Publikum erhalten haben. • Lernen Sie aus den Erfahrungen. Wenn etwas nicht wunschgemäss geklappt hat, überlegen Sie, was Sie nächstes Mal ändern könnten.

10.4 Online-Präsentation

Heute finden immer mehr Präsentationen online über eine Video-Livestream-Plattform statt. Die Wahrnehmung und Aufmerksamkeit am Bildschirm unterscheidet sich beträchtlich von jener in einem physischen Raum. Diese Unterschiede gilt es für die Präsentationstechnik im virtuellen Raum zu beachten.

10.4.1 Körpersprache

Das Publikum sieht am Bildschirm meist nur Ihr **Gesicht** und einen **Teil Ihres Oberkörpers,** nicht aber Ihr gesamtes äusseres Erscheinungsbild. Je nachdem sind Sie als vortragende Person sogar nur **kleinformatig** am Rand sichtbar, da der Hauptbildschirm für die geteilten Inhalte reserviert bleibt. Für das Publikum bleibt somit die Wahrnehmung Ihrer Körpersprache von vornherein eingeschränkt. Nachfolgend finden Sie darum einige ausgewählte Hinweise zur Körpersprache bei Online-Präsentationen:

- **Blicken Sie direkt in die Kamera,** auch wenn Sie nur kleinformatig am Bildrand zu sehen sind. Der direkte Blickkontakt ist für die Verständigung auch im virtuellen Raum wichtig. Platzieren Sie die Kamera möglichst **auf Augenhöhe,** damit das Publikum Sie frontal sieht.
- **Lächeln Sie in die Kamera.** «Ein Lächeln ist die kürzeste Entfernung zwischen zwei Menschen», gilt ganz besonders auch am Bildschirm. Das virtuell anwesende Publikum sieht vor allem Ihr Gesicht und achtet darum ganz besonders auf Ihre Mimik.
- **Sitzen / stehen Sie aufrecht.** Bei Video-Präsentationen sitzen Sie normalerweise oder stehen an einem Stehtisch. Mit einer aufrechten Sitzhaltung oder einem aufrechten Stand vermitteln Sie Selbstsicherheit und gleichzeitig Ihren Respekt gegenüber dem Publikum.
- **Nutzen Sie Ihre Gestik** auch am Bildschirm. Ihre Hände müssen Sie jedoch mehr oder weniger auf Schulterhöhe bewegen, damit die Kamera sie erfassen kann. Diese Gestik ist ungewohnt und sollten Sie einüben, damit sie nicht gekünstelt wirkt.

10.4.2 Kleidung und Raumgestaltung

Wenn Sie die Online-Präsentation in Ihrem privaten Wohnzimmer halten, bleibt sie trotzdem ein offizieller Anlass. Das äussere Erscheinungsbild beeinflusst den Gesamteindruck.

Achten Sie deshalb genauso wie bei einer physischen Präsentation auf ein **gepflegtes Äusseres:** Ihre Kleidung, Ihr Schmuck und Ihr Make-up sollen dem Anlass entsprechen. Sie wirken dadurch souveräner.

Die nachfolgenden Tipps betreffen die **Raumgestaltung,** auf die das virtuell anwesende Publikum ganz besonders achtet:

- Wählen Sie den **Bildschirmhintergrund** sorgfältig aus. Die meisten Video-Streamingdienste bieten spezielle Hintergrundbilder an, die den physischen Raum ausblenden. Ziehen Sie ein **ruhiges, dezentes Hintergrundbild** vor, das die Aufmerksamkeit des Publikums nicht von Ihnen ablenkt. Dasselbe gilt für den Bildschirmhintergrund auf Ihrem Computer, falls Sie Ihren Bildschirm mit dem Publikum teilen.
- Achten Sie auf **Ordnung** «hinter Ihrem Rücken», wenn Sie aus Ihrem privaten Wohnzimmer oder Büro senden wollen. Damit ist nicht nur Sauberkeit gemeint, sondern auch eine dezente Einrichtung.
- Die **Lichtqualität** spielt bei der Kamera-Übertragung eine wichtige Rolle. Achten Sie deshalb auf eine gute, aber nicht zu grelle Ausleuchtung. Ihr Gesicht sollte von vorne beleuchtet sein. Weil Tageslicht sich ständig verändert und die direkte Sonneneinstrahlung zu grell ist, empfiehlt sich Kunstlicht. Zwei seitlich rechts und links vor Ihnen platzierte Schreibtischlampen leuchten Sie besser aus und lassen Ihre Gesichtsfarbe natürlicher wirken.
- Eine gute **Tonqualität** ist für die Verständigung ausschlaggebend. Sorgen Sie dafür, dass es in Ihrem Umfeld keine Nebengeräusche gibt, und verwenden Sie ein gutes Mikrofon.

10.4.3 Unterlagen und Hilfsmittel

Ihre inhaltlichen Ausführungen visualisieren Sie dem Online-Publikum, indem Sie Ihren Bildschirm oder ein Programmfenster teilen. Achten Sie dabei auf folgende Punkte:

- Verwenden Sie zum Präsentieren wenn möglich einen **Laptop- oder Desktop-Computer** mit ausreichender Bildschirmgrösse. Tablets oder Mobiltelefone schränken Sie dabei zu stark ein.
- Teilen Sie während der Präsentation nur das **Programmfenster,** das Ihre Folien anzeigt. Dies ermöglicht Ihnen, gleichzeitig andere Programme offen zu halten. Auch können Sie Ihre Notizen in einem anderen Fenster anzeigen, ohne dass Ihr Publikum dies sieht.
- Platzieren Sie allfällige **Spickzettel** auf dem Computerbildschirm direkt vor Ihren Augen und möglichst nahe bei der Kamera, damit Sie den Blick nicht abwenden müssen. Lesen Sie die Notizen auf dem Spickzettel trotzdem nicht 1 : 1 ab und sprechen Sie möglichst frei.
- Viele Video-Streamingdienste bieten auch ein **virtuelles Whiteboard** an. Das Publikum sieht das, was Sie schreiben oder zeichnen, erst leicht verzögert. Sprechen Sie darum langsamer und mit kurzen Pausen, wenn Sie zeichnen oder von Hand schreiben. Falls Sie Ihre Whiteboard-Inhalte nach der Präsentation dem Publikum zur Verfügung stellen wollen, müssen Sie sie vor dem Verlassen des Streamingdiensts herunterladen.

10.5 Nachbearbeitung der Präsentation

Mit einer gezielten Auswertung Ihrer Präsentation haben Sie die Chance, aus Ihren Erfahrungen zu lernen und **Verbesserungsansätze** für eine nächste Präsentation zu finden. Wie bei einer Gesprächsauswertung halten Sie nochmals **Rückschau** auf die gesamte Präsentation, bewerten sie nach den für Sie wichtigen Kriterien und ziehen Ihre Lehren daraus.

Am besten gelingt diese **Selbstreflexion,** wenn Sie bei der Vorbereitung der Präsentation für Sie wichtige **Beurteilungskriterien** formuliert haben, wie z. B. zum Zeitmanagement, zum Einsatz der Präsentationsmedien, zur Wirkung der rhetorischen Gestaltungsmittel usw.

Werten Sie die Präsentation wie folgt aus:

- Richten Sie Ihr Augenmerk zunächst auf jene Aspekte, die Ihnen aus Ihrer Sicht **besonders gut gelungen** sind, und anerkennen Sie Ihre Leistung.
- In einem nächsten Schritt analysieren Sie, was Ihrer Meinung nach **nicht geklappt** hat.
- Ziehen Sie Ihre **Schlussfolgerungen** aus der Analyse und formulieren Sie konkrete Verbesserungsmassnahmen.
- Holen Sie wenn immer möglich von einer vertrauten Person das **Feedback** ein; so erhalten Sie zu Ihrer Selbsteinschätzung zusätzlich eine Fremdeinschätzung.

Neben der Auswertung gilt es auch, die Präsentation **organisatorisch** abzuschliessen. Übergeben Sie die Räumlichkeiten und die geliehenen Präsentationsmedien oder Hilfsmittel. Verfassen Sie, sofern gewünscht, eine Zusammenfassung oder ein Protokoll der Präsentation.

Zusammenfassung

Der Auftritt vor Publikum löst vielfach **Lampenfieber** aus. Die tiefe, bewusste Atmung und mentale Übungen helfen, mit dieser Nervosität besser umzugehen.

Zur souveränen Präsentation gehören die folgenden Gestaltungsmittel:

- **Einleitung:** Blickkontakt zum Publikum, Pünktlichkeit, auswendig gelernter Einstieg, persönliche Begrüssung
- **Hauptteil:** freies Vortragen, Betonung durch Sprechpausen, gefasster Umgang mit Versprechern, Blackouts, technischen Pannen und Störungen aus dem Publikum
- **Schlussteil:** auswendig gelernte Schlussbotschaften, Dank, Beantwortung von Fragen und Feedback des Publikums

Die paraverbale und die nonverbale Kommunikation spielen auch für die Wirkung der Präsentation eine wichtige Rolle.

Gestaltungsmittel	Bedeutung für die Präsentation
Stimme	• Macht die Präsentation lebendig. • Beeinflusst die Wirkung auf Dritte. • Verleiht der Persönlichkeit Ausdruck.
Körpersprache, Bewegung	• Beeinflusst die Wirkung auf Dritte. • Beeinflusst die Atmung. • Baut die Brücke zum Publikum.
Kleidung, Umgangsformen	• Signalisieren Höflichkeit und Respekt. • Prägen den ersten Eindruck.

Eine Präsentation ist dann gelungen, wenn der Inhalt und die Art und Weise der Präsentation mit der **Persönlichkeit der präsentierenden Person** übereinstimmen. Dazu tragen bei:

- Persönliche **Ausstrahlungskraft:** Selbstbewusstsein, Optimismus, Gefühlsbezug und inneres Gleichgewicht.
- Positive persönliche **Einstellung** finden.

Bei **Online-Präsentationen** verändert sich die Visibilität (Sichtbarkeit). Sie betrifft insbesondere die Wahrnehmung der Körpersprache, die Wirkung der virtuellen Raumgestaltung sowie die Anzeige am Bildschirm.

Bei der **Nachbearbeitung** der Präsentation ermöglichen die inhaltliche Auswertung, das Sammeln von Feedbacks und die Selbstreflexion, gezielte Verbesserungsansätze für künftige Präsentationsanlässe zu finden.

Repetitionsfragen

35	Wozu dienen Sprechpausen während der Präsentation? Stichworte genügen.
36	Was tun Sie am besten, wenn Sie mitten in Ihrer Präsentation den Faden verloren haben?
37	Morgen früh um 9 Uhr darf Elisa den Projektzwischenbericht vor dem Steuerungsausschuss präsentieren. Sie hat sich besonders gut darauf vorbereitet, zumal sie nicht nur Erfreuliches zu berichten hat. Nun erhält sie die Nachricht, dass dieser Anlass nicht wie vorgesehen vor Ort, sondern virtuell stattfinden wird. Zählen Sie drei Punkte auf, die Elisa bei ihrer Online-Präsentation beachten sollte.
38	Nico präsentiert nicht gerne. Er findet, dass er mit seiner zurückhaltenden und nüchternen Art beim Publikum weniger gut punkten kann als andere. Ausserdem leidet er vor solchen Auftritten unter grossem Lampenfieber. Ein Kollege erzählt Nico begeistert von einem Rhetorikseminar, das er kürzlich besucht hat: «In nur drei Stunden lernst du alles, was du brauchst. Das wäre bestimmt auch etwas für dich!» Nico bleibt skeptisch. A] Was könnte Nico gegen das Lampenfieber unternehmen? B] Wie beurteilen Sie den Rat des Kollegen? Begründen Sie Ihre Meinung in ein paar Sätzen.
39	Nathalie zeigt ihr Temperament, wenn sie präsentiert: Mit einer ausgeprägten, aber natürlich wirkenden Gestik begleitet sie ihre Worte. Welche Erfolgskomponenten einer Präsentation wendet Nathalie an?

Praxisaufgaben

1	**Souverän präsentieren** Mit dem geschickten Einsatz von rhetorischen Gestaltungsmitteln können Sie Ihre Präsentationen aufwerten. Nehmen Sie die nächste Präsentation, die Sie in Ihrem beruflichen Umfeld halten müssen, oder die Kurzpräsentation für die SVF-Modulprüfung zum Anlass, bewusst solche Gestaltungsmittel einzusetzen: • Formulieren Sie im Lerntagebuch mindestens eine konkrete Verbesserungsmassnahme für die Ausgestaltung einer nächsten Präsentation. • Werten Sie die Wirkung dieser Gestaltungsmassnahme nach der Präsentation aus.

Teil D
Anhang

Antworten zu den Repetitionsfragen

1 Seite 21

Zwischen den Zeilen könnten die Aussagen wie folgt interpretiert werden:

A] Die Lohnfrage war für den Kündigungsentschluss nicht entscheidend. Offenbar gibt es aber andere ausschlaggebende Gründe.

B] Der Sender signalisiert, dass er eine Sonderleistung erbracht hat. Die Vorgesetzte soll diesen Umstand zur Kenntnis nehmen und Anerkennung dafür aussprechen (kann als Wunsch «zwischen den Zeilen» interpretiert werden).

C] Der Sender fühlt sich gegenüber seinem Arbeitskollegen nicht gleichwertig behandelt. Je nach Tonfall und Vorgeschichte könnte der Sender beim Empfänger verdeckt um Trost bitten.

2 Seite 21

(Kommentar)

Ihre drei Beispiele sollten mindestens eines der folgenden Elemente des Kommunikationsprozesses widerspiegeln:

- Der Sender codiert seine Botschaft nicht so, dass der Empfänger sie eindeutig decodieren kann. Auch kann es sein, dass der Sender sich undeutlich oder missverständlich ausdrückt (z. B. undeutliches Sprechen oder inkongruente Körperhaltung).
- Der Empfänger decodiert die Mitteilung nicht im Sinne des Senders. Dies führt zu Missverständnissen und Fehlinterpretationen.
- Die Sinneswahrnehmung vom Empfänger kann infolge Stress, Antipathie oder persönlicher Betroffenheit eingeschränkt werden. Er hört bzw. sieht dann nur noch das, was er hören bzw. sehen will.
- Auch äussere Einflussfaktoren spielen eine Rolle. So kann z. B. eine Mitteilung nicht richtig übermittelt werden, weil der Lärmpegel zu laut war. Oder das diffuse Licht lässt die Interpretation der Mimik des Gegenübers nicht zu usw.

3 Seite 21

Eine mögliche Interpretation ist:

A] Senderin

- Sachinhalt: Du bist ein Macho.
- Beziehungshinweis: Du bist nicht mehr wert, nur weil du ein Mann bist.
- Selbstkundgabe: Ich lasse mich nicht kleinkriegen.
- Appell: Verändere dein Verhalten.

B] Empfänger

- Sachohr: Du sagst, ich bin ein Macho.
- Beziehungsohr: Du bist eine empfindliche Frau.
- Selbstkundgabe-Ohr: Ich lasse mich nicht dominieren.
- Appell: Ich bleibe, wie ich bin.

4 Seite 21

Die verbale Kommunikation können wir direkt beeinflussen. So können wir uns z. B. in einem Streit bewusst zurücknehmen und uns entgegenkommend äussern. Die nonverbale Kommunikation ist auf Dauer kaum steuerbar; oft geschieht sie automatisch und ist dementsprechend unreflektiert. Nonverbale Signale entsprechen eher der inneren Einstellung und gelten deshalb als verlässlicher.

5 Seite 21

Das zweite Axiom: Jede Kommunikation hat eine Sach- und eine Beziehungsebene. Meist ist das Wie bzw. die Botschaft auf der Beziehungsebene ausschlaggebend dafür, wie sie vom Empfänger aufgefasst wird.

6 Seite 35	(Kommentar)	

Ihr Beispiel sollte den folgenden Unterschied aufzeigen:

- Beim aktiven Zuhören handelt es sich um das einfühlsame Erfassen der Aussage inkl. der Gefühlswelt des Gegenübers.
- Die Technik des Spiegelns ist eine Weiterentwicklung des aktiven Zuhörens. Die erfasste Botschaft wird zusammengefasst und in eigenen Worten zurückgespiegelt.

---

7 Seite 35

A] Offene Frage

B] Suggestivfrage

C] Verhaltensorientierte Frage

D] Konkretisierende Frage, auch richtungsweisende Frage

E] Offene Frage

F] Alternativfrage

---

8 Seite 35

Die Metakommunikation braucht Mut und persönliche Bereitschaft, weil wir dabei unsere Empfindungen und Gefühle offen und direkt mitteilen. Indem wir uns öffnen, sind wir auch verletzbarer bzw. angreifbarer. Im Weiteren bedingt die Metakommunikation eine Auseinandersetzung mit uns selbst: mit dem eigenen Kommunikationsverhalten, aber auch mit den Fremdbildern, die wir von den anderen Gesprächspartnern erhalten und die möglicherweise unser Selbstbild infrage stellen. Eine solche Konfrontation des Selbstbilds mit dem Fremdbild ist zwar ein sehr hilfreicher, oft aber auch ein schmerzhafter Prozess.

---

9 Seite 35

A] Killerphrasen: negative, abwertende oder demotivierende Botschaften, die eine Win-lose-Situation im Gespräch bewirken und den Gesprächsfluss blockieren

B] Vermeiden: passive Stilmittel, die den Gesprächsfluss blockieren, wie das Vagebleiben, das bewusste Zurückhalten von Informationen und das Ablenken vom eigentlichen Thema

---

10 Seite 45

A] Nein, die Frage nach den Ursachen der Inkompetenz ist problemfokussiert.

B] Nein, die Frage nach Fehlerquellen ist problemfokussiert.

C] Ja, die Frage nach den Ressourcen oder Hilfsmitteln ist lösungsfokussiert.

D] Ja, die Frage nach den Stärken ist lösungsfokussiert.

---

11 Seite 45

Deutsche pflegen gewöhnlich einen direkten, auf die Sache bezogenen Kommunikationsstil. Sie sprechen ihren Standpunkt oder ihre Kritik am Vorgefallenen offen und unumwunden aus.

Demgegenüber pflegen Franzosen einen indirekten, beziehungsorientierten Kommunikationsstil. Sie neigen dazu, Unangenehmes oder Negatives subtil zu umschreiben.

---

12 Seite 45

Wer einer anderen Person vorwirft, ihr fehle jegliche Empathie, meint damit wohl, dass ihr die Meinungen oder Gefühle anderer Menschen gleichgültig sind, dass sie unfähig sei, sich einzufühlen und aktiv und wertfrei zuzuhören, und dass sie nicht bereit sei, sich auf das Gegenüber einzustellen. Empathie entspricht einer inneren konstruktiven Haltung dem Gesprächspartner gegenüber.

---

13 Seite 46

A] Nein, wenn jemand versucht, seinen Gesprächspartner zu verstehen, liegt eine Gewinner-Gewinner-Situation vor.

B] Ja, hier handelt es sich um eine typische Gewinner-Verlierer-Situation, denn der Versuch, die Meinung des Gesprächspartners zu beurteilen oder gar abzuwerten, entspringt der Haltung «Ich bin o. k. – du bist nicht o. k.».

C] Ja, hier handelt es sich um eine typische Gewinner-Verlierer-Situation, denn das Durchsetzen der eigenen Meinung signalisiert dem Gesprächspartner die Haltung «Ich bin o. k. – du bist nicht o. k.».

14	Seite 56	(Kommentar)

Ihre Antworten zur Gesprächsleitung sollten Folgendes ansprechen:

A] Achten Sie bei der Sitzordnung darauf, dass alle Gesprächspartner genügend (Bewegungs)Raum erhalten, denn eine einengende Sitzordnung kann sich negativ auf den Gesprächsverlauf auswirken. Im Weiteren sollten Sie einen direkten Blickkontakt zu allen Teilnehmenden haben.

B] Bei der eigenen, inneren Vorbereitung versuchen Sie, das Gespräch bezüglich der Sach- und der Beziehungsebene einzuschätzen, die Sie mit Ihrem Gesprächspartner verbindet. Sie verschaffen sich dadurch mehr Klarheit über das bevorstehende Gespräch und über Ihre Haltung dem Gesprächspartner gegenüber.

C] Small Talk kann als «Eisbrecher» wertvoll für den Gesprächseinstieg sein, denn mit ein paar belanglosen Fragen können Sie gleich zu Beginn eine positivere, entspanntere Atmosphäre schaffen. Besonders in Situationen, die Klarheit erfordern, oder in unangenehmen Gesprächen ist Small Talk fehl am Platz.

D] Besonders in heiklen Gesprächen ist es wichtig, rasch eine gegenseitige Klärung der Standpunkte herbeizuführen. Da in vielen Fällen der Gesprächspartner das Schwierige sowieso vermutet, lassen Sie die Katze besser schnell aus dem Sack und nehmen sich umso mehr Zeit für die Besprechung der Hintergründe und eines möglichen Lösungswegs.

15	Seite 56	Die Gesprächsnachbearbeitung hilft,

- sich das Gesagte nochmals vor Augen zu führen,
- mögliche Konsequenzen aus dem Gesprächsverlauf zu ziehen,
- Erkenntnisse aus dem Gespräch zu gewinnen,
- die eigene Rolle, das eigene Vorgehen oder allfällige Wendungen im Gespräch zu reflektieren,
- die Gesprächsergebnisse noch einmal zusammenzufassen und schriftlich festzuhalten,
- die vereinbarten Schritte und Massnahmen einzuleiten und
- die Kontrolle der vereinbarten Massnahmen zu terminieren usw.

16	Seite 63	Mögliche Kritik an den Rückmeldungen:

A] Diese Rückmeldung ist nicht als Ich-Botschaft, sondern als rechthaberische, anklagende und verallgemeinernde Du-Botschaft formuliert.

B] Wohl drückt die feedbackgebende Person ihr Verständnis für die Unsicherheit aus, es fehlt jedoch eine klare Ich-Botschaft. Anstatt auf die Gefühle der feedbackempfangenden Person einzugehen, holt sie zu einer verallgemeinernden Aussage aus, die sie zudem auf sich selbst bezieht. Ein solches Feedback hilft der feedbackempfangenden Person nicht weiter.

17	Seite 63	A] Quadrant B, blinder Fleck (mir selbst nicht bekannt, anderen bekannt)

B] Quadrant A, öffentliche Person (mir selbst bekannt, anderen bekannt) und Quadrant B (blinder Fleck)

18	Seite 63	Dieses Kurz-Feedback ist vollständig und korrekt.

«Danke sehr für dein Grobkonzept zur internen Kommunikation! Ich finde, du hast damit eine sehr gute und systematische Grundlage für die Weiterarbeit entwickelt. (= Gesamt-Rückmeldung) Besonders gefallen haben mir deine neuartigen Lösungsansätze für die effizientere Kommunikation. (= positive Beobachtungen) Einzig bei der Bedürfnisanalyse habe ich etwas einzuwenden: Meines Erachtens hast du darin noch nicht alle relevanten Interessengruppen berücksichtigt, wie z. B. das Personal- und Finanzmanagement. (= negative Beobachtungen) Ich empfehle dir deshalb, die Bedürfnisanalyse nochmals kritisch zu prüfen und zu vervollständigen ...» (= Empfehlungen)

19 Seite 71		A] Das Ergebnis ist weder vernünftig (alle Teilnehmenden werden nie in allen Punkten immer dieselbe Meinung haben) noch effizient (es kommt zu zeitraubenden und ziellosen Diskussionen) noch dauerhaft (ein situatives Vorgehen wird ausgeschlossen).
		B] Das Ergebnis kann effizient und fair sein, weil sich diese Regelung auf alle Mitarbeitenden gleich auswirkt. Je nach Gegebenheiten kann es auch eine dauerhafte Lösung sein. Offen bleibt, ob diese eher starre Ferientagsregelung sachgerecht, d.h. vernünftig ist.
		C] Das Ergebnis kann effizient und vernünftig sein. Es könnte sich aber um einen «faulen» Kompromiss handeln, der nicht fair anderen Teams gegenüber ist. Das Ergebnis wirkt dann auch nicht dauerhaft, wenn es beim betreffenden Team weitere Begehrlichkeiten weckt.
20 Seite 71		Die Berücksichtigung der Interessen setzt voraus, dass beide Verhandlungspartner als gleichwertige Partner betrachtet werden. Dies ist die Basis für Win-win-Lösungen. Die Lösungen sind nicht per schnellem, einseitigem Dekret (Macht oder Gesetz) entstanden, sondern sie sind im Rahmen der gemeinsamen Lösungssuche gewachsen. Die Beteiligten nehmen am Lösungsfindungsprozess teil und sind selbst für die Lösung verantwortlich. Folglich setzen sie sich dafür ein, dass die Lösung auch zum Tragen kommt.
21 Seite 71		Sich in den Verhandlungspartner zu versetzen, bringt unter anderem die folgenden Vorteile:
		• Der Verhandlungspartner wird besser fassbar.
		• Die Argumente des Verhandlungspartners besser nachvollziehen können als Verhandlungsbasis.
		• Mehr Sachlichkeit und Objektivität durch die Trennung von Menschen und Problemen.
		• Mögliche Gegenargumente für die eigene Verhandlungsführung nutzen können.
		• Überprüfung der eigenen Einschätzung und dadurch mehr Sicherheit in der Verhandlung.
22 Seite 78		Beschönigungen werten eine schlechte Botschaft zusätzlich ab, Rechtfertigungen dienen dazu, sich selbst aus der Verantwortung zu nehmen und stattdessen an die Vernunft des Empfängers zu appellieren. Diese darf von ihm in der betreffenden Situation aber (noch) nicht verlangt werden, da er die Botschaft zuerst emotional verarbeiten muss.
23 Seite 78		A] Ja, Annas Verstoss gegen die IT-Sicherheitsbestimmungen ist ein klares Fehlverhalten.
		B] Nein, Beats verspätetes Einreichen des Projektantrags ist als einmaliger Fehler zu sehen. Ein Feedback ist angebracht, nicht aber ein Kritikgespräch.
		C] Nein, Chiaras störendes Verhalten ist auf eine vorübergehende extreme Belastungssituation zurückzuführen. Ein Feedback reicht aus, da sich Chiara nach der Prüfung wahrscheinlich wieder kooperativer und umgänglicher zeigen wird.
24 Seite 78		Typische Reaktionen auf schlechte Botschaften sind:
		• Rückzug in sich selbst, durch Schweigen, in die Opferrolle usw.
		• Abwehr durch Ignorieren oder Uminterpretieren der Botschaft, Rechtfertigungsversuche, Gefühlsausbrüche usw.
		• Aggression als Beschimpfungen, Anklagen, Drohungen, Angriffe usw.
25 Seite 89		Nicht erfüllte Anforderungen an die sach- und die adressatengerechte Information:
		A] Bring- oder Holschuld: Die für die Arbeit relevanten Informationen sind eine Bringschuld der Führungspersonen.
		B] Verhältnismässig informieren: Viele irrelevante Informationen werden verschickt.
		C] Verständlich informieren: Die Erklärung zum Mobbing ist für die Empfänger der Personalbroschüre zu kompliziert formuliert.
		D] Vollständig informieren: Das «Wozu» und das «Wann» gehören zu einem vollständigen Auftrag zwingend dazu.

26	Seite 90	(Kommentar)

Ihre Einschätzung und Ihre Beispiele sollten die folgenden Kriterien berücksichtigen:

- Im Führungsprozess gelten Informationen grundsätzlich als Bringschuld, weil die Führungsperson dafür zu sorgen hat, dass die Mitarbeitenden alle notwendigen Informationen erhalten, die sie für die Erledigung ihrer Aufgaben brauchen.
- Von selbstständigen Mitarbeitenden darf erwartet werden, dass sie die notwendigen Informationen auch selbst holen; besonders für allgemein zugängliche Informationen besteht somit eine Holschuld.

27 Seite 90

A] Bei einer langjährigen guten Lieferantenbeziehung empfiehlt es sich, aus Höflichkeit zunächst mündlich zu reklamieren. Eine schriftliche Reklamation nachzureichen, schafft in jedem Fall die nötige Verbindlichkeit.

B] Ein Projektauftrag ist in der Regel eher komplex. Daher sollte der Mitarbeiter darüber zunächst mündlich informiert werden, um allfällige Fragen sogleich zu klären. Ein schriftlich formulierter Auftrag ergänzt dieses Gespräch.

C] Eine negative Antwort auf eine interne Bewerbung löst Betroffenheit aus, ausserdem ist Diskretion geboten. Daher ist der betreffenden Person auf jeden Fall mündlich abzusagen.

D] Die Bitte um eine Stellungnahme zur Reklamation sollte schriftlich erfolgen, dies vor allem aus Gründen der Wichtigkeit und Verbindlichkeit.

28 Seite 90

A] Kurvendiagramm, um den Entwicklungsverlauf der Absatzzahlen hervorzuheben, oder evtl. ein Säulendiagramm (Gegenüberstellung der absoluten Zahlen der einzelnen Monate)

B] Säulen- oder Balkendiagramme, in denen die zehn Verkaufsfilialen einander gegenübergestellt werden

C] Kreis- oder Kuchendiagramm, das die Marktanteile der Anbieter am Gesamtmarkt (100%) veranschaulicht

29 Seite 107

A] Storytelling

B] Sprachliches Bild (Metapher)

C] Zitat

30 Seite 107

Der Produktionsleiter hat das Ziel seiner Präsentation sowie die Vorkenntnisse und Erwartungen seines Publikums falsch eingeschätzt. Die Einführungsveranstaltung soll den neuen Mitarbeitenden lediglich einen Einblick in die Produktionsprozesse geben, sie aber nicht detailliert darüber informieren. Ausserdem haben die meisten wohl zu wenig gute technologische Kenntnisse, um den Ausführungen folgen zu können.

31 Seite 107

In der Probe überschreitet Salome die Präsentationszeit um rund 2 Minuten, d.h. um rund einen Sechstel des Zeitbudgets. Die Angebotspräsentation ist ein formeller Anlass, bei dem Zeitüberschreitungen in der Regel nicht akzeptiert werden. Salome muss daher die 12 Minuten zwingend einhalten. Erfahrungsgemäss sprechen die meisten an der Präsentation etwas schneller als bei der Probe. Salome darf aber nicht damit rechnen, dass sie dadurch 2 Minuten einholen könnte. Sie sollte daher den Inhalt ihrer Präsentation kürzen. Meist gibt es das grösste Kürzungspotenzial bei den Ausführungen im Hauptteil: Weniger wichtige Punkte auf einzelnen Folien konsequent löschen oder sogar ganze Folien aus der Präsentation entfernen.

32 Seite 107

Das menschliche Gehirn hat eine beschränkte Aufnahmefähigkeit für äussere Reize. Das Gezeigte muss deshalb das Gesagte wirksam unterstützen. Das richtige Mass bei der Anzahl Folien und bei deren Aufbereitung zu finden, ist daher entscheidend für die Wirkung auf das Publikum. Im Zweifelsfall gilt: Lieber weniger und das Richtige als ein «Zuviel des Guten».

33 Seite 107

Die Provokation darf niemanden persönlich angreifen. Ausserdem müssen die scheinbaren Widersprüche durch die Provokation immer aufgelöst werden.

34 Seite 107		Empfohlener Medieneinsatz für die Präsentation:
		• Auf maximal sechs bis acht Folien das Wichtigste aufzeigen (z. B. Philosophie der naturnahen Spiel- und Pausenplätze, Gestaltungsrichtlinien, Foto eines naturnah gestalteten Platzes, Verbindung zum Lehrplan usw.).
		• Anstelle von Folien könnten bei diesem kleinen Teilnehmerkreis auch Stichworte auf Pinnwandkarten, auf dem Flipchart oder Whiteboard notiert werden.
		• Ein Video zu einem naturnah gestalteten Platz mit Aussagen von Kindern, Jugendlichen, Lehrpersonen und Quartierbewohnerinnen und -bewohnern ist besonders anschaulich. Das Video sollte jedoch nicht mehr als ca. drei Minuten dauern.
35 Seite 118		Sprechpausen helfen sowohl dem Publikum als auch der präsentierenden Person, sich zu konzentrieren, die Ausführungen zu strukturieren und einen Gedankengang abzuschliessen, bevor ein neuer kommt.
36 Seite 118		Wenn Sie beim Präsentieren den Faden verloren haben,
		• fassen Sie die bisherigen Aussagen nochmals kurz zusammen. Sie gewinnen so Zeit und können sich selbst neu orientieren.
		• atmen Sie ruhig und tief durch, damit Sie sich entspannen können.
		• teilen Sie dem Publikum einfach mit, dass Sie den Faden verloren haben. Mit Ehrlichkeit gewinnen Sie die Sympathie des Publikums auch in schwierigen Situationen.
37 Seite 118		Mögliche Massnahmen für eine bessere Wirkung bei einer Online-Präsentation:
		• Zeitdauer maximal 15 Minuten, da die Aufmerksamkeit am Bildschirm schneller nachlässt. Allenfalls den Bericht kürzen und dafür mehr Zeit für Fragen einräumen.
		• Gestik und Mimik sind nur begrenzt sichtbar. Die Hände müssen sich darum auf Schulterhöhe bewegen.
		• Direkten Blick in die Kamera einüben und Kamera auf Augenhöhe platzieren.
		• Bild- und Tonqualität prüfen, auf gute Ausleuchtung, dezenten Bildschirmhintergrund und ansprechende Raumgestaltung achten.
		• Einfachere Steuerung bei ausreichender Bildschirmgrösse, daher Laptop- oder Desktop-Computer verwenden.
38 Seite 118		A] Eine gewisse Nervosität ist nichts Ungewöhnliches. Im Gegenteil, sie steigert die Aufmerksamkeit und persönliche Präsenz. Nico kann seinem Lampenfieber entgegenwirken, indem er z. B. bewusst Atemübungen oder mentale Übungen macht.
		B] Der Besuch eines Rhetorikseminars hilft auf jeden Fall, persönliche Unsicherheiten oder gar Angst vor dem eigenen Versagen abzubauen. Besonders dann, wenn es nicht nur Tipps vermittelt, sondern auch ausreichend Gelegenheit zum gemeinsamen Üben und zum gegenseitigen Feedback bietet. Man sollte sich jedoch keine Illusionen über den Lernerfolg machen: Das souveräne Präsentieren lernt niemand in drei Stunden. Vielmehr ist es wichtig, wiederholt Gelegenheiten zum Ausprobieren zu suchen. Dank diesen Erfahrungen kann Nico die eigene Präsentationstechnik gezielt verbessern und persönlich an Selbstsicherheit und Ausstrahlungskraft gewinnen.
39 Seite 118		Körpersprache (Rhetorik) und Ausstrahlungskraft (Persönlichkeit)

Stichwortverzeichnis

A
Abschluss
- Gespräch   53, 70, 74, 77
- Präsentation   98, 112

Ad-hoc-Stellungnahme   97
Adressatengerecht informieren   82
Aktives Zuhören   24
Alternativfragen   29
Appell   14
Atem   109
Auswertung
- Gespräch   53
- Präsentation   116

Authentizität   114
Axiome (Watzlawick)   11

B
Beamer   106
Befehle   33
Beobachtungen   58
Beziehungsebene   12, 36, 51, 67, 84
Beziehungshinweis   14
Blickkontakt   17, 51, 113
Blinder Fleck   61
Bringschuld   81

C
Codierung (Kommunikationsmodell)   10

D
Decodierung (Kommunikationsmodell)   10
Diagramme   87
Distanzzonen   113
Diversity   42
Drohungen   33
Du-Botschaften   22

E
Einstieg
- Gespräch   52, 70, 74, 77
- Präsentation   98, 111

Ein-Weg-Kommunikation   79
Eisbergmodell der Kommunikation   13
Elevator Pitch   96
Emotionen   37, 100
Empathie   38
Empfänger (Kommunikationsmodell)   10
Externe Information   81

F
Feedbackgespräch   57
Feedbackregeln   58
Filter   11
Flipchart   106
Foliengestaltung   103
Fragen wirksam stellen   26
Führungsgespräch   49

G
Gesamt-Rückmeldung   58
Geschlossene Fragen   26
Gesprächsablauf   49
Gesprächsatmosphäre   52
Gesprächsführung   52
Gesprächsnotiz   54
Gestik   17, 44, 113, 115
Grafiken   87

H
Haltung   65
Handouts   106
Harvard-Konzept   67
Hauptteil Präsentation   98, 111
Helicopter View   30
Holschuld   81

I
Ich-Botschaft   22, 59
Indirekte Fragen   29
Informationsmanagement   80
Informationsprozess   79
Inkongruente Botschaft   16
Innere Vorbereitung   51, 115
Interessen in Verhandlungen   68
Interessenausgleich   66
Interkulturelle Kommunikation   41
Interkulturelle Kompetenz   44
Interne Information   81

J
Johari-Fenster   61

K
Kanal (Kommunikationsmodell)   10
Kernbotschaften Präsentation   98
Killerphrasen   33
Kleidung   113, 116
Kommunikationsgrundsätze (Watzlawick)   11
Kommunikationsmodell (Shannon-Weaver)   10
Kommunikationsprozess   9
Kommunikationsquadrat (Schulz von Thun)   14
Kommunikationsstil   43
Kommunikationssünden   32
Kommunikationstechniken   22
Kongruente Botschaft   16
Konkretisierende Fragen   27
Konventionen   42
Konzeption Präsentationsinhalt   96
Körpersprache   17, 113, 115
Kritikgespräch   73
Kurz-Feedback   58

L
Lampenfieber   109
Leitfaden
- Führungsgespräch   55
- Kritikgespräch   74

- Kurz-Feedback 58
- Schlechte-Botschaft-Gespräch 77
- Verhandlungsgespräch 70
Lösungsfokussierung 40

M
Macht 65
Medieneinsatz 84, 99
Mentale Übungen 110
Metaebene 53
Metakommunikation 30
Mimik 17, 44, 113
Mündliche Information 84
Muss-Informationen 80
Muttersprache 42

N
Nachbearbeitung
- Gespräch 53, 74, 77
- Präsentation 115, 116
Nervosität 109
Nonverbale Kommunikation 16, 43

O
O. k.-Botschaften 38
O. k.-Haltung 65, 67
Offene Fragen 27
Online-Präsentation 96, 104, 115
Organisatorische Vorbereitung
- Gespräch 50
- Präsentation 95

P
Paraverbale Kommunikation 19, 44
Pecha Kucha 97
Persönlichkeit der präsentierenden Person 114
Pinnwand 106
Positionen in Verhandlungen 68
Präsentation einüben 105
Präsentationsform 96
Präsentationsinhalt 100
Präsentationsmedien 95, 99, 105
Präsentationsziele 94
Praxisaufgabe
- Fragen 35
- Information 90
- Kommunikationstechniken 35
- Präsentationsvorbereitung 108
- Reflexion Führungsgespräch 56
- rhetorische Stilmittel 118
- schwierige Führungsgespräche 78
- Verhandlungsgespräch 71
- wirkungsvoll kommunizieren 46
Problemfokussierung 40
Publikum 95

R
Rahmenbedingungen Präsentation 94
Ratschläge 33
Raum 18, 44, 113
Raumgestaltung Online-Präsentation 116
Recherchieren 97

Reflektierende Fragen 29
Rhetorische Fragen 30
Rhetorische Stilmittel 103
Richtungsweisende Fragen 29
Rückmeldung 11, 57

S
Sachebene 12, 36, 51, 67, 84
Sachgerecht informieren 80
Sachinhalt 14
Schlechte-Botschaft-Gespräch 75
Schriftliche Information 84
Schwierige Führungsgespräche 72
Selbstkundgabe 14
Selbstreflexion 54, 117
Sender (Kommunikationsmodell) 10
Signale (Kommunikationsmodell) 10
Sitzordnung 51, 95
Soll-Informationen 80
Spickzettel 116
Spiegeln 25
Sprachliche Bilder 101
Sprechpausen 44, 112
Stimme 112
Stimmlage 19, 44
Storytelling 101
Suggestivfragen 30

T
Tabellen 88
Teilnehmerkreis 50
Textgestaltung 87
Themen-Pitch 97
Tonfall 19

U
Umgangsformen 114

V
Verbale Kommunikation 16
Verhaltensdreieck 28
Verhältnismässige Information 84
Verhandlungsgespräch 64
Vermeiden 33
Verständliche Information 83
Video 106
Visualisieren 86
Vollständige Information 82
Vorbereitung
- Gespräch 49, 70, 74, 77
- Präsentation 115

W
Wertende Aussagen 32
W-Fragen 27, 41, 82
Whiteboard 106, 116
Win-win-Situation 39, 65

Z
Zeit 17, 95
Zwei-Weg-Kommunikation 11

Bildungsmedien für jeden Anspruch
compendio.ch/mlsvf

compendio Bildungsmedien

Management / Leadership für Führungsfachleute

Das Ende dieses Buchs ist vielleicht der Anfang vom nächsten. Denn dieses Lehrmittel ist eines von rund 300 im Verlagsprogramm von Compendio Bildungsmedien. Darunter finden Sie zahlreiche Titel zu den Themen Management und Leadership. Zum Beispiel:

Betriebswirtschaft I und II
Personalmanagement
Konfliktmanagement
Selbstkenntnis
Prozessmanagement

Management und Leadership bei Compendio heisst: übersichtlicher Aufbau und lernfreundliche Sprache, Repetitionsfragen mit Antworten, Beispiele, Zusammenfassungen und je nach Buch auch Praxisaufgaben.

Eine detaillierte Beschreibung der einzelnen Lehrmittel mit Inhaltsverzeichnis, Preis und bibliografischen Angaben finden Sie auf unserer Website: compendio.ch/mlsvf

Nützliches Zusatzmaterial

Von unserer Website herunterladen:
Professionell aufbereitete Folien

Für den Unterricht, die firmeninterne Schulung oder die Präsentation – auf unserer Website können Sie professionell aufbereitete Folien mit den wichtigsten Grafiken und Illustrationen aus den Büchern herunterladen.
Bitte respektieren Sie die Rechte des Urhebers, indem Sie Compendio als Quelle nennen.

Immer und überall einsetzen:
E-Books

E-Books bieten maximalen Lesekomfort, Geräteunabhängigkeit und die Möglichkeit, Notizen und Markierungen einzufügen. Die E-Version des Lehrmittels lässt sich einfach auf dem Tablet mitnehmen und erlaubt, die Inhalte flexibel zu erarbeiten, zu vertiefen und zu repetieren.

Alle Lehrmittel können Sie via Internet sowie per E-Mail, Post oder Telefon direkt bei uns bestellen:
Compendio Bildungsmedien AG, Neunbrunnenstrasse 50, 8050 Zürich
E-Mail: bestellungen@compendio.ch, Telefon +41 (0)44 368 21 11, www.compendio.ch

Bildungsmedien für jeden Anspruch
compendio.ch/verlagsdienstleistungen

Bildungsmedien nach Mass
Kapitel für Kapitel zum massgeschneiderten Lehrmittel

Was der Schneider für die Kleider, das tun wir für Ihr Lehrmittel. Wir passen es auf Ihre Bedürfnisse an. Denn alle Kapitel aus unseren Lehrmitteln können Sie auch zu einem individuellen Bildungsmedium nach Mass kombinieren. Selbst über Themen- und Fächergrenzen hinweg. Bildungsmedien nach Mass enthalten genau das, was Sie für Ihren Unterricht, das Coaching oder die betriebsinterne Schulungsmassnahme brauchen. Ob als Zusammenzug ausgewählter Kapitel oder in geänderter Reihenfolge; ob ergänzt mit Kapiteln aus anderen Compendio-Lehrmitteln oder mit personalisiertem Cover und individuell verfasstem Klappentext, ein massgeschneidertes Lehrmittel kann ganz unterschiedliche Ausprägungsformen haben. Und bezahlbar ist es auch.

Kurz und bündig:
Was spricht für ein massgeschneidertes Lehrmittel von Compendio?

- Sie wählen einen Bildungspartner mit langjähriger Erfahrung in der Erstellung von Bildungsmedien
- Sie entwickeln Ihr Lehrmittel passgenau auf Ihre Bildungsveranstaltung hin
- Sie können den Umschlag im Erscheinungsbild Ihrer Schule oder Ihres Unternehmens drucken lassen
- Sie bestimmen die Form Ihres Bildungsmediums (Ordner, broschiertes Buch, Ringheftung oder E-Book)
- Sie gehen kein Risiko ein: Erst durch die Erteilung des «Gut zum Druck» verpflichten Sie sich

Auf der Website www.compendio.ch/nachmass finden Sie ergänzende Informationen. Dort haben Sie auch die Möglichkeit, die gewünschten Kapitel für Ihr Bildungsmedium direkt auszuwählen, zusammenzustellen und eine unverbindliche Offerte anzufordern. Gerne können Sie uns aber auch ein E-Mail mit Ihrer Anfrage senden. Wir werden uns so schnell wie möglich mit Ihnen in Verbindung setzen.

Modulare Dienstleistungen
Von Rohtext, Skizzen und genialen Ideen zu professionellen Lehrmitteln

Sie haben eigenes Material, das Sie gerne didaktisch aufbereiten möchten? Unsere Spezialisten unterstützen Sie mit viel Freude und Engagement bei sämtlichen Schritten bis zur Gestaltung Ihrer gedruckten Schulungsunterlagen und E-Materialien. Selbst die umfassende Entwicklung von ganzen Lernarrangements ist möglich. Sie bestimmen, welche modularen Dienstleistungen Sie beanspruchen möchten, wir setzen Ihre Vorstellungen in professionelle Lehrmittel um.

Mit den folgenden Leistungen können wir Sie unterstützen:

- **Konzept und Entwicklung**
- **Redaktion und Fachlektorat**
- **Korrektorat und Übersetzung**
- **Grafik, Satz, Layout und Produktion**

Der direkte Weg zu Ihrem Bildungsprojekt: Sie möchten mehr über unsere Verlagsdienstleistungen erfahren? Gerne erläutern wir Ihnen in einem persönlichen Gespräch die Möglichkeiten. Wir freuen uns über Ihre Kontaktnahme.

Compendio Bildungsmedien AG, Neunbrunnenstrasse 50, 8050 Zürich
E-Mail: postfach@compendio.ch, Telefon +41 (0)44 368 21 11, www.compendio.ch